10배
크게 시작하라

성 공 하 는 사 람 들 의 스 케 일

10배
크게 시작하라

나고네 슈 지음 | 송수진 옮김

큰 꿈을 꿔라.
오직 큰 꿈만이 사람의 영혼을 움직일 힘이 있다.

- 마르쿠스 아우렐리우스 -

하루 종일 일만 하느라 정작 인생은 돌보지 못한 당신에게

'에휴, 오늘도 사람이 많네….'

'이번 프로젝트 끝내려면 오늘도 야근이야….'

이런 생각을 속으로 중얼거리며 만원 전철에 몸을 싣는다. 우울한 기분으로 창밖의 풍경만 멍하니 바라본다. 정신을 차리고 휴대폰을 꺼내 '효율적으로 일하는 방법'을 검색한다. 수많은 기사와 동영상이 쏟아지지만, 그것을 보고 극적으로 일의 효율을 올린 적은 없었다. '일의 생산성을 높이는 방법'에 관한 책도 여러 권 읽었지만 별 도움은 되지 않았다. 여전히 일에 치여 지내느라 가족들 얼굴도 까먹을 지경이다. 남들처럼 가족 여행도 다니고 아이들과 놀아 주고 싶지만 일이 우선이라 계속 미루게 된다. 이런 생활이 몇 년째 반복되고 있다.

이는 과거의 내 모습이다. 나처럼 하루 종일 일하느라 눈코 뜰 새 없이 바쁘지만 그만큼 성과도 없어 뭔가 개선이 필요한 상황에 빠진 이들에게 이 책을 권한다.

나는 여느 직장인처럼 눈뜨면 일어나 출근해서 하루 종일 일만 하며 우울한 나날을 보냈다. 해야 할 일이 너무 많아 주말까지 일하느라 몸도 마음도 피폐해졌다.

물론 그렇게 살지 않으려고 노력도 해 봤다. 결혼하고 나서는 일하는 아내와 함께 아이 둘을 키우며 틈틈이 집안일도 하고 아이들 어린이집 등, 하원도 시켜 줬다. 주말이면 가족과 함께 공원 나들이를 하던 때도 있었다.

하지만 업무가 늘어나자 여유가 없어진 탓인지 쉬는 날이면 아무것도 하고 싶지 않았다. 결국 우울증까지 찾아와 쉬는 날이면 침대에 누워만 지냈다.

그러던 어느 날, 4살짜리 아들이 방에 들어와 "아빠, 놀아 줘"라고 했는데, 우울증 때문인지 아이랑 놀아 줄 기분이 들지 않아 "미안, 지금은 안 돼…"라며 아이의 요청을 거절해 버렸다. 지금 돌이켜보면 아버지로서 자격이 없었던 셈이다. 그때부터 자기

혐오에 빠졌다.

'성과를 내려면 더 열심히 해야 해.'
'가족을 지키고, 회사에 이바지하려면 더 열심히 해야지.'

이런 생각을 하면서도 한편으로 드는 또 다른 생각에 딜레마에 빠진 적도 있다.

'가족과 함께하는 시간이 너무 적어⋯.'
'가끔은 일 생각 따위 접어 두고 푹 쉬고 싶다.'

그러는 사이 육아와 집안일은 맞벌이 중인 아내가 도맡게 되었다. 참다못한 아내가 어느 날 이렇게 말했다.

"돈 번다고 이렇게 매일 늦게 들어올 거면 회사 그만둬."

이 말은 최후의 통첩처럼 들렸다. 나는 아내의 말 한마디를 계기로 일하는 방식을 바꾸기로 했다. 그날 이후, 일과 삶의 균형을 잡을 수 있는 방법을 찾기 시작했다. 그 결과, '하고 싶은 일을 하면서 성과를 10배 올리고, 일하는 시간을 줄여 워라밸을 높일 수 있는 구조'를 찾아냈다.

'하고 싶은 일을 하면서 성과를 10배나 올리다니 말도 안 돼.'

'열심히 해도 목표 성과를 전년 대비 10퍼센트나 올리기는 힘들어.'

'2배도 힘든데, 10배를 올리는 방법이 있다면 누가 이 고생을 하겠어.'

'일하는 시간을 줄였는데 성과가 올랐다고? 대체 방법이 뭐야?'

다들 말도 안 된다며 이렇게 생각할 수도 있겠다. 나도 방법을 금방 찾았더라면 매일 꼭두새벽부터 밤늦게까지 일하느라 심신이 피폐해져 우울증까지 걸리지 않았을 테니까.

하지만 나는 장담한다. '하고 싶은 일을 하면서 성과를 10배 올리고 일하는 시간을 줄여 여유로운 삶을 누리는 시스템'은 분명 존재한다.

상상해 보자. 같은 시간 동안 일했는데 성과가 10배나 차이 난다면, 라이프스타일은 어떻게 달라질까? 같은 시간 동안 일하고 10배의 더 큰 성과를 낸다면 자유 시간이 늘어나고 경제적으로도 넉넉해져 소중한 사람들과 여유롭게 밥을 먹고, 꿈꿔 왔던 곳으로 여행을 떠날 수 있다.

이 책에서 이야기하는 같은 시간을 일하고 10배 성과를 내는 시스템은 한때 유행한 시간 단축법이나 '누구나 쉽게 따라 할 수 있는 마법의 템플릿' 같은 일시적인 게 아니다. 한번 배워 두면 평생 써먹을 수 있는 시스템이다. 어떤 직종이나 상황에서도 활용할 수 있다. 당신의 인생을 극적으로 바꿔 줄 시스템이다.

이 시스템을 알려 준 나의 스승이자 전설적인 전략 코치인 댄 설리번은 같은 시간을 투자하고 10배의 성과를 내고 싶은 이들에게 다음과 같은 말을 남겼다.

우리 눈과 귀는 우리의 뇌가 찾는 것만 보고 듣는다.
(Our eyes only see and our ears only hear what our brain is
looking for.)
-댄 설리번

이 메시지를 의식하면서 책을 읽으면 같은 시간을 일하고 남들보다 10배 더 큰 성과를 내는 시스템을 더 빨리, 효과적으로 배울 수 있다.

차례

1장 ╱ 10× 사고방식 _
생각의 스케일을 키워라

2장

10× 첫 번째 단계 _
목표를 더 높여라

3장

10× 두 번째 단계 _
나의 능력을 키워라

4장

10× 세 번째 단계 _
사람의 수를 늘려라

5장

10× 네 번째 단계 _
시스템을 확장하라

6장 / 10× 실천하기 _ 이제 가장 크게 성공할 시간이다

1장

10× 사고방식

생각의 스케일을
키워라

10배 크게
시작하는 사고방식

"어떻게 하면 일도 잘하고 가족과의 시간도 충분히 보내는 라이프스타일을 실현할 수 있을까?"

이를 탐구하기 시작하자 자신이 관심 있는 정보를 무의식중에 모은다는 뇌의 'RAS 기능'이 작동했는지 정보 하나가 눈에 들어왔다. 많은 기업가와 경영자를 지도한 전설적인 전략 코치 '댄 설리번'이 공동 창업한 스트래터직 코치에서 운영하는 '10× 엠비션 프로그램(Ambition Program)'으로, '10배 성과를 내면서 자유 시간을 늘리는 방법'을 가르쳐 주는 프로그램이다.

그 당시에는 1년에 4번, 캐나다 토론토에 있는 스트래터직 코치의 본사 사무실에서 열리는 강의에 꼭 참석해야 했다. 본사 강의에 참석하려면 도쿄에서 토론토까지 비행기 편도만 최소 12시간이나 걸리는 데다 프로그램에 참가하기 위한 시간과 비용 마련까지 상당한 대가를 치러야 했다. 하지만 진심으로 일하는 방식을 바꾸고 싶었고 그러기 위해 꼭 필요한 프로그램이라고 확신해 참가하기로 했다.

기존과는 다른
새로운 생각

스트래터직 코치는 30년 넘게 2만 명 이상의 기업가와 경영자를 지도한 회사이기에 믿음직스러웠고, 10× 엠비션 프로그램에서 댄 설리번이 주장한 "10배 성과는 2배 성과보다 쉽다"라는 사고방식이 매우 흥미롭게 다가왔다. 출발하기 전 프로그램에 대해 내가 이해한 바는 다음과 같았다.

기존의 방식대로 적당한 목표를 세우고 더 오래, 더 많이 일해서 성과를 내는 것이 아니다. '기존 목표보다 10배 큰 목표를 달성하겠다'는 생각으로 기존 방식과 전혀 다른 혁신적인 방법을 만들어 내 결국 큰 성공을 하게 된다. 또 일하는 시간이 줄어 사생활도 즐길 수 있다.

나는 지금 나에게 꼭 필요한 프로그램이라고 생각해 부푼 기대를 안고 토론토로 출발했다. 도쿄 나리타 국제공항에서 토론토 피어슨 국제공항까지 약 12시간 비행을 마치고 토론토 시내 호텔에서 1박을 한 뒤, 10× 엠비션 프로그램 첫 일정에 참가했다. 스트래터직 코치 사무실에 도착해 보니 이미 많은 기업가와 경영자가 모여 있었다. 접수처에서 등록을 마치고 프로그램 자료를 챙겨 강의실로 갔다.

강의실에는 50여 명의 수강생이 있었는데, 연령층은 40~50대가 많았고 남녀 비율은 7대3 정도로 남자가 많았다. 강의 시작 전까지 수강생들과 커피를 마시면서 이야기를 나눴다. 그들은 다양한 분야의 기업가와 경영자가 사업을 10배 성장시키면서 자유 시간도 늘리는 방법을 찾고자 참가했다고 했다. 그중에는 프로그램에 5년 또는 10년 이상 참가해 이미 사업이 10배 이상 성장했고 자유 시간도 얻었지만, 더 배우러 온 사람도 있었다.

큰 성과를 내기
어렵다는 생각을 버려라

'정말 10배 성과를 낼 수 있을까?'

'아무나 쉽게 되겠어?'

10× 엠비션 프로그램에 참가하기 전에는 솔직히 이렇게 생각했다. 이 프로그램은 이런 생각에서 벗어나는 것부터 시작한다. 많은 사람이 '10배 성과를 내기 어렵다'는 고정 관념에 빠져 있기 때문이다. 그 고정 관념에서 벗어나긴 힘들다.

누군가 10배 성과를 냈다고 하면 대단하다는 생각이 절로 든다. 만약 2배 성과를 냈다고 하면 이전보다 2배 더 일해서 성과를 올렸다고 생각한다. 직감적으로 2배 성과를 내려면 2배 더 일해야 한다고 떠올린다. 이 시점에서 '2배 성과를 낸다'는 긍정적이고 의욕적인 말이 '2배 더 일해야 한다'는 부정적인 이미지로 바뀌어 버린다.

"10배 성과를 내려면?"

한편 이런 질문에는 전혀 다른 반응을 보인다. 10배 성과를 내기 위해 10배 더 일하는 건 불가능하다. 더 오래 일해서 성과를 낸다는 기존과는 전혀 다른 사고방식이 필요하다.

같은 시간을 일하고 10배 성과를 내는 시스템을 도입하면 새로운 생각을 바탕으로 멤버들 간의 팀워크가 더 발휘되고, 다른 사람들의 도움을 받으면서 당신이 가장 좋아하고 잘하는 일에 주력할 수 있다. 즉 10배 성과를 내는 시스템을 택하면 큰 성과를 내면서 자유 시간을 늘릴 수 있다.

이 책의 주제는 '같은 시간을 일하고 10배 성과를 낸다'이다. 이 시스템을 도입하면 일하는 시간을 대폭 단축할 수 있다. 하지만 여기에서 시간 개념은 어디까지나 '같은 시간 일한다면'이라는 의미로 사용했다.

댄 설리번에게 배운 '10배 성과를 내는 시스템'을 이 책에서는 '10×'라고 부르려고 한다. ×는 우리말로 '배', 10×는 '10배'라는 뜻이다.

이 책에서 이야기하고 있는 10×의 일하는 방식은 스트래터직 코치의 10× 엠비션 프로그램에서 배운 것을 바탕으로 했다. 직접 실천해 보고 효과가 있었던 내용을 중심으로 엄선했으며 경험을 통해 이해하기 쉽고 실천하기 쉽게 변경한 방법도 있다.

더 많이 일할수록 더 크게
성공한다는 생각은 틀렸다

"24시간 싸울 수 있습니까?"

1980년대 말 에너지 음료 광고에 나온 문구다. 이 광고가 방송된 시기는 일을 하면 할수록 회사의 실적이 올라가는 '버블 경제' 시대로 회사와 월급을 위해 일해 온 세대를 상징한다.

10×를 알기 전에는 일을 하면 할수록 성과가 오른다고 생각했다. 그래서 성과를 내고 싶으면 일을 더 많이 했다. 현재 사회 분위기에서 그렇게 일을 시켰다가는 악덕 기업으로 낙인찍혔겠지

만 당시에는 워라밸이라는 말도 없었고 더 오래, 더 열심히 일하는 걸 당연하게 받아들였다.

오래 일하는 것 자체가 나쁘다고 생각하지 않는다. 본인이 좋아하는 것을 이루기 위해, 성과를 내기 위해 더 오래 일하는 건 개인의 선택이다. 큰 성과를 내려면 당연히 어느 정도 시간을 투자해야 한다. 하지만 오랜 시간 일만 하다 보면 심신이 피폐해지고 가족과의 관계가 틀어지기 일쑤다. 이는 주객전도라는 사실을 몸소 겪고 깨달았다.

워라밸의 한계

"워라밸이라는 관점에서 일과 사생활 둘 다 잘할 수는 없을까?"

워라밸이란 일과 사생활의 균형을 잡아 둘 다 충실히 하는 일하는 방식 또는 삶의 방식을 말한다. 우리 부부는 맞벌이하며 아이들을 키웠는데 그 과정에서 워라밸에도 한계가 있다고 느꼈다.

나와 아내는 외국에서 비즈니스 공부도 하고 업무적으로 성과도 냈지만 개인적인 시간을 충분히 갖지는 못했다. 결국 일과

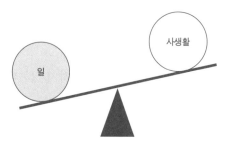

1일 24시간 안에
일과 사생활의 균형을 잡을 수 없다.

일·사생활·밸런스

사생활 중 한쪽을 내려놓아야 하는 과제에 직면했다.

워라밸은 1일 24시간 안에서 일과 사생활의 균형을 잡는 것이기 때문에 일에 온전히 주력하면서 사생활을 만끽할 수는 없다. 따라서 현실적으로 어느 한쪽을 내려놓아야 한다.

10×에서 말하는 한정된 시간 안에서 높은 성과를 내며 동시에 자유 시간을 가질 수 있는 라이프스타일은 '행복하게 일하는 방식'이라는 관점에서도 가장 이치에 맞는 것 같았다.

일을 시작하기 전에
생각부터 해라

10×를 배우고 실천해 보니 일의 성과를 올리면서 자유 시간을

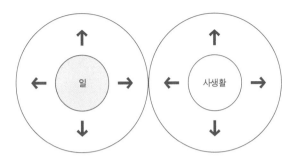

일에서 10배 성과를 내면서
자유 시간을 늘릴 수 있다.

10×의 일하는 방식

늘리는 데 도움이 되는 가성비와 시간 효율성이 매우 높아졌다.
10×를 실현하는 중요한 포인트는 일을 시작하기 전에 생각부터
해야 한다는 것이다.

"어떻게 하면 이전과 다른 방법으로 목표를 달성할 수 있을까?"

이러한 질문을 자신에게 먼저 던지고 생각하는 과정을 거친
다. 이를테면 도쿄에서 오사카로 출장 갈 일이 생겼을 때 무작
정 오사카를 향해 뛰는 사람은 없다. 출발하기 전에 비행기를
탈지, 신칸센을 탈지, 차를 가져갈지 혹은 꼭 가야 하는지, 온라
인 미팅이 가능한지, 다른 사람한테 부탁해도 되는지부터 생각
한다.

이렇게 생각하는 과정을 거치면 일의 생산성이 크게 달라진다. 그리고 개인 시간을 확보할 수 있다.

가장 큰
성공을 위한 4단계

지금보다 적게 일하면서 다른 사람들보다 '10배 더 크게, 10배 더 빠르게 성공'하기 위한 과정은 다음과 같이 크게 4단계로 나눈다.

- 1단계: '10배 목표'를 세운다.
- 2단계: 4가지 조건으로 '좋아하는 일', '잘하는 일', '사람들에게 도움이 되는 일', '돈을 벌 수 있는 일'을 특화한다.
- 3단계: '어떻게 할지'보다 '누구와 할지'가 더 중요하다.
- 4단계: 팀을 만들어 시스템화한다.

성공을 위한
1, 2단계

첫 번째 단계에서는 10배 목표를 세운다.

이전처럼 '전년 대비 10퍼센트 성장' 같은 기준으로 10배 목표를 세우면 안 된다. 10배 목표를 달성한 미래에서 현재를 과거처럼 바라보며 목표를 세운다.

두 번째 단계에서는 '고유 능력'을 찾는다.

고유 능력이란 다음 4가지 조건을 충족하는 일을 말한다. 자신이 좋아하는 일, 잘하는 일 그리고 사람들에게 도움이 되는 일, 돈을 벌 수 있는 일.

댄 설리번은 이 4가지 조건을 충족하는 능력을 고유 능력이라고 불렀다. 고유 능력이란 사람이 열정을 갖고 일하는 능력을 말한다. 이 능력을 살리면 상상도 못했던 일들을 해내게 되어, 마치 스스로 영웅이 된 느낌마저 든다.

탁월한 인생을 만들기 위해 필요한 것을 당신은 이미 갖고 있다.

(You already have everything within you that you need to
create an exceptional life.)

-댄 설리번

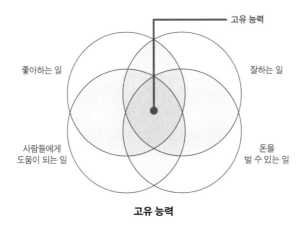

고유 능력

말 그대로 본래 갖고 있는 고유 능력을 살려 자신이 원하는 인생을 살아가는 방식이다. 여기에서 주의해야 할 포인트는 고유 능력은 좋아하는 일, 잘하는 일, 사람들에게 도움이 되는 일, 돈을 벌 수 있는 일, 이 4가지 조건을 모두 충족해야 한다.

좋아하지는 않지만 잘하고, 사람들에게 도움도 되고, 돈을 벌수 있는 일을 택하면 열정이 없기에 지속할 수 없다. 반면에 잘하는 일이 아니라면 다른 3가지 조건을 충족해도 잘하지 못하기 때문에 생산성이 떨어진다.

또한 사람들에게 도움이 되지 않는다면 사람들의 관심을 받기 어려워 큰 성과를 내기 어렵다. 돈을 벌 수 없는 일이라면 좋아하고, 잘하고, 사람들에게 도움이 되어도 취미나 자원봉사 수준에 그치고 만다. 즉 비즈니스로 지속하기는 어렵다.

댄 설리번의 고유 능력은 새로운 프로그램을 만들기, 워크숍에서 강의하기, 책 쓰기, 남을 가르치는 일이다. 그는 이 일을 사랑하고 이 일을 할 때 가장 행복하기에 죽을 때까지 하고 싶다고 한다.

성공을 위한
3, 4단계

세 번째 단계에서는 10배 목표 달성을 도와줄 사람을 찾는다.

보통 사람들은 목표를 달성하려 할 때 어떻게 할지부터 생각한다. 혼자서 모든 걸 해야 직성이 풀리는 사람이라면 남에게 맡기기보다 스스로 어떻게 할지에 집중한다. 하지만 10×에서는 '어떻게 할지'보다 '누구와 할지'를 중요하게 생각한다.

앞서 두 번째 단계에서 고유 능력을 파악했다면 자신이 좋아하지 않고 못하는 일은 그 일을 좋아하고 잘하는 사람에게 맡긴다. 나는 좋아하지 않고 못하는 일이지만, 그 일을 좋아하고 잘하는 사람에게 맡기면 더 좋은 결과를 낼 수 있다. 그리고 그 시간에 본인은 좋아하고 잘하는 일에 몰두한다.

이렇게 각자 잘하는 일을 찾아 고유 능력을 살려서 좋아하고 잘하는 분야에서 사람들에게 도움이 되는 일에 주력하면 사람들에게 좋은 반응 얻으며 선순환이 이뤄진다.

물론 혼자서 앞만 보고 열심히 일해도 최고의 성과를 낼 수도 있다. 하지만 혼자 일하는 데는 분명 한계가 있다. 혼자 할 수 있는 일의 한계를 뛰어넘으려면 새로운 관점이나 자원, 능력을 제공해 줄 사람이 필요하다.

그런 사람을 찾아 함께하면 혼자서는 불가능했을 큰 목표를 달성할 수 있다. 이는 리더나 매니저 같은 위치에 있는 사람뿐만 아니라 누구에게나 적용된다.

네 번째 단계에서는 세 번째 단계에서 찾은 사람과 함께 팀을 만들어 시스템화한다.

10×에서는 혼자서 10배 목표를 달성하는 건 불가능함을 전제로 한다. 댄 설리번이 창업한 스트래터직 코치에서는 함께 일하는 사람을 '팀 멤버'라고 부른다. 스트래터직 코치에서는 각 팀 멤버가 각자 목적을 두고 고유 능력을 살려 일한다.

댄 설리번은 팀 멤버가 아무 생각 없이 할 수 있는 일이나 매일 똑같이 반복되는 일을 하기를 원치 않는다. 그들은 열정을 갖고 창의적인 일을 한다. 팀도 개인도 성장하는 방법이다. 팀 멤버에는 회사 내부 직원뿐만 아니라 프로젝트에 관련된 모든 사람을 포함한다.

그다음에는 10배 목표를 달성하기 위한 프로젝트의 비전을 팀

멤버에게 공유한다. 혼자서는 불가능한 10배 목표를 달성하려
면 팀 멤버의 협력이 필요하다. 이때 팀 멤버에게 공유할 내용
은 10배 목표를 달성하기 위한 프로젝트의 목적, 중요성, 이상적
인 결과, 성공의 기준 등이 있다.

또한 팀 멤버와 프로젝트를 함께하고 싶다는 진심을 담아야
한다. 이 진심이 통한다면 팀 멤버는 10배 목표를 달성하기 위
해 의욕을 불태운다.

이 단계에서 프로젝트를 상세히 공유할 필요는 없다. 비전은
한 장으로 정확하고 명료하게 정리해 공유한다(자세한 내용은
뒷부분에 설명해 뒀다). 그렇게 하면 팀 멤버가 당신의 비전을
정확히 이해할 수 있다. 비전을 팀 멤버에게 공유한 다음에는
10배 목표를 달성할 기간과 최근 1년간 달성한 목표, 팀 멤버의
역할을 정한다.

이렇게 팀을 만들어 누가, 무엇을, 어떻게 할지 구현하는 것이
시스템화다. 프로젝트는 3개월을 한 사이클로 정해서 팀 멤버와
함께 목표 달성을 위해 최선을 다한다.

10×에서는 90일이라는 사이클을 매우 중요하게 본다. 90일이
면 3개월, 한 분기에 해당하며 1년 중 4분의 1이다. 90일 단위로
프로젝트를 진행하면서 목표 달성 과정의 중간 점검도 하고 개
선할 부분을 찾는다.

90일간 좋은 결과를 내면 자신감을 얻을 수 있고, 반대로 잘되

지 않았다면 그 부분을 수정해 다음 90일 동안 새로운 길을 찾을 수도 있다.

2장

10× 첫 번째 단계

목표를
더 높여라

당신의 생각에
한계를 두지 마라

"작은 컵을 만드는 이유는 무엇일까?"

10×의 '10배 목표를 세우는 법'에 대해 설명하기 전에 잠시 두뇌 운동을 해 보자. 용기에 담을 수 있는 물의 양은 한정되어 있다. 물통에는 그 용량만큼만 물을 채울 수 있다. 작은 컵 또한 마찬가지로 그 컵의 용량만큼 물을 담을 수 있다.

이는 일이나 인생에서도 마찬가지다. 목표에 비유하자면 아무리 노력해도 작은 컵 안에 담긴 물 이상의 성과는 낼 수 없다. 그 이상의 물은 컵에서 흘러넘쳐 버리기 때문이다.

당신도 모르게 사고의
한계를 설정하고 있었다

그렇다면 작은 컵(목표)을 만드는 이유는 뭘까? 그건 바로 '사고'다. 컵에 따를 수 있는 물의 양은 능력, 시간, 자원이 한정된 게 아니라 사고가 한정되어 있기 때문이다. 만약 작은 컵(목표)이 아닌 10배 큰 컵을 준비한다면 그 컵에 담을 수 있는 물의 양(성과)은 10배가 된다. 즉 10×의 목표 설정을 하면 10배 성과를 낼 수 있는 셈이다.

위 예시가 당연한 것 같겠지만, 돌이켜보면 나 역시 작은 컵을 만들고 있었다. 보통 회사들은 연초에 앞으로 1년간의 목표를 설정한다. 나는 경영자로서 늘 이전 실적을 바탕으로 목표를 설정했다.

이를테면 전년도 성장이 +10퍼센트였다면 올해 목표는 작년에 성장한 수치에 +10퍼센트를 기본으로 생각한다. 그리고 올해 시장 환경이나 경쟁 회사의 움직임, 신제품 발매, 시장 경향 따위의 요소도 고려해 최종적으로 +15퍼센트로 목표를 정한다. 약간의 오차는 있을 수 있지만 대략적으로 항상 이런 목표 설정 방식을 취했다.

오랫동안 이러한 목표 설정 방식을 고수해 왔기 때문에 댄 설리번이 고안한 10배 목표를 세우는 방법은 한 번도 생각해 본 적

없는 미지의 세계였다.

안 되는
이유는 없다

그럼 어떻게 10배 목표를 세울까? 스트래터직 코치의 10× 엠비션 프로그램은 10배 목표를 세우는 트레이닝부터 시작한다. 사람들이 10배 목표를 상상하는 것조차 어려워하기 때문이다. 첫 트레이닝을 받았을 때 나도 그랬다.

"그런 엄청난 일을 전 못해요."
"10배 목표라니, 탁상공론 아닌가요?"
"목표가 너무 커서 아무도 따라오지 않으면 어쩌지?"

이런 생각을 하는 것도 무리는 아니다. 하지만 10배 목표를 세울 때 이렇게 생각해 보자. '안 되는 이유'나 '어떻게 하면 10배 목표를 달성할 수 있을까?' 같은 생각은 잠시 접어 두고 10배 목표를 달성한 미래를 상상해 본다.

제한 없이, 정말 하고 싶은 일, 원하는 일을 하면서 10배 목표를 달성한 모습을 상상해 보자. 그 상상 속에서 당신은 어디에 있고, 무엇을 하고 있는지, 주위에 누가 있는지, 10배 목표 달성에 누가 제일 기뻐하는지.

다음에 소개하는 10배 목표를 세우는 트레이닝 과정을 거치면 10배 목표를 달성한 미래에서 역산해 10배 목표를 세울 수 있다.

생각의 크기가 클수록
인생을 보는 시야도 커진다

10×의 10배 목표를 세우는 사고법 중 '10× 마인드 익스팬더
(Mind Expander)'라는 게 있다. 10배 목표를 달성하기 위해 댄
설리번이 고안한 코칭 수법이다. 코칭이란 대화를 통해 고객이
목표 달성에 필요한 기술이나 지식, 사고방식을 익혀 행동할 수
있도록 지원하는 과정이다.

스트래터직 코치의 10× 엠비션 프로그램에서는 참가자의 이
야기에 귀를 기울이며 관찰하고 질문하고, 때로는 제안하면서
상대방의 내면에 있는 답을 끄집어내는 목표 달성의 수법으로
코칭을 활용한다. 10× 마인드 익스팬더는 10배 목표를 달성하

기 위한 마인드 셋이라고도 할 수 있다.

목표를 이룬
미래를 상상해 보자

제일 먼저 목적을 갖고 자신이 달성하고 싶은 10배 목표의 수치를 정한다. 10배 목표를 세우는 방법 자체는 매우 간단하다. 전년 대비 +10퍼센트나 2배 목표를 세웠을 때는 이전보다 더 오래, 더 열심히 일하면 된다.

하지만 10배 목표를 세우면 더 오래, 더 열심히 일하는 것으로는 불가능하기 때문에 다른 방법을 찾기 시작한다. 사생활이나 인간관계를 포기하지 않고 가능한 방법도 있을 수 있다. 즉 10배 목표를 세우는 것만으로 시야가 극적으로 달라진다.

그다음에는 10배 목표를 달성한 미래를 상상해 본다. 그리고 미래의 자신이 과거를 되돌아보듯이 현재의 자신에게 질문을 던진다.

"어떻게 10배 목표를 달성했어?"

"10배 목표 달성으로 사회에 어떤 영향을 미쳤어?"

"10배 목표를 달성하기 위해 기존에 해 오던 것 이외에 어떤 새로운 것을 했어?"

"10배 목표를 달성한 팀의 규모는 어느 정도였어?"

"팀에 어떤 일을 맡겼어?"

"인간관계는 달라졌어?"

"어떤 새로운 기술을 활용했어?"

"어떤 인맥을 얻었어?"

이처럼 10배 목표를 달성한 미래에서 과거를 돌아보면 기존과 다른 창조적인 시점에서 생각할 수 있다. 머리로 상상할 수 없는 일은 실현할 수 없다. 반대로 말하자면 상상할 수 있는 일은 실현할 수 있다. 뛰어난 결과를 내고 싶다면 그 뛰어난 결과를 상상해 볼 필요가 있다.

누구나 과거보다
크게 성장한 경험이 있다

사람들이 처음 10배 목표를 생각할 때 너무 큰 목표에 머리가 굳어 버리기 일쑤다. 따라서 10배 목표가 실현된 미래가 그려진다면 이미 마인드 셋이 되어 있는 셈이다. 10배라는 건 절대 불가능한 목표가 아니다. 어른이라면 누구나 어렸을 때와 비교해

10배 성장한 경험이 있다.

예를 들어 어렸을 때와 비교해 '어휘력이나 지식이 10배 늘었다', '10배 무거운 걸 들 수 있다', '10배 이상의 거리를 자전거나 자동차, 전철, 비행기를 타고 이동할 수 있다' 따위를 들 수 있다. 어렸을 때는 미래에 10배 성장할 수 있을 거라고 상상하지 못했지만 누구나 10배 성장을 이뤘다.

나는 초등학생 때 자전거를 선물받았는데, 그 뒤로 단번에 행동 범위가 넓어졌다. 6단 변속기, 노란색 헤드라이트, 물건을 담을 수 있는 바구니 달린 자전거가 너무 좋아서 뛸 듯이 기뻤던 기억이 아직도 생생하다. 그 자전거를 타고 걸어서는 갈 수 없었던 곳도 종횡무진 누볐다. 그 뒤로 기차, 자동차, 비행기로도 이동할 수 있게 되어 10배 이상 행동 범위가 넓어졌다. 이러한 경험은 누구나 있을 것이라 생각한다.

"왜 100배나 1,000배가 아닌 10배인가요?"

이런 질문을 받은 적이 있다. 일반적으로 과거보다 100배나 1,000배 성장한 경험이 없어서 목표로 잡기 어렵기 때문이다. 하지만 누구나 과거에 10배 성장한 경험은 있다. 과거보다 10배 성장한 경험은 앞으로도 10배 성장할 수 있는 기반이 된다.

해야 할 일보다
하고 싶은 일이 먼저다

"당신은 지금 정말 하고 싶은 일을 하고 있습니까?"

이러한 질문을 받으면 어떻게 대답할까? 정말 하고 싶은 일보다 해야 하는 일을 하는 사람이 더 많을 것이다.

"오늘 안에 끝내야 해."

"다음 주 월요일까지 업무 자료를 준비해야 하니 주말에 무조건 일해야 해."

"이달 안에 담당자와 협의를 마쳐야 해."

이처럼 나도 10×를 배우기 전에는 매일매일 해야 할 일에 파묻혀 지냈다. 결국 해야 할 일에 쫓기다 보니 너무 힘들어서 마음이 피폐해졌다.

우리는 과거, 현재, 미래로 구성된 시간 감각을 갖고 산다. 시간의 비율을 어떻게 나누며 사는지는 사람마다 다르겠지만 많은 이들이 과거에 근거한 시간 감각으로 살아간다. 나이가 들면서 지금까지 배우고 경험하고 이룬 것을 과거의 사고방식으로 반복한다. 그리고 새로운 일을 하기보다는 과거의 경험으로 해야 할 일을 한다.

그런데 이보다 훨씬 인생을 풍요롭게 하는 사고방식이 있다. 그것은 미래 사고방식으로, 진심으로 하고 싶은 일을 하는 것이다. 이때 중요한 게 있다.

"나는 하고 싶은 일을 한다. 왜냐하면 그것을 하고 싶기 때문이다."

그 이외의 이유는 필요 없다. 10배 목표를 세울 때 그 일은 정말 하고 싶은 일이어야 한다. 과거의 나를 포함해 많은 이들이 해야 할 일의 세계에 살고 있고, 극히 소수의 사람만이 하고 싶은 일을 추구하는 세계에 살고 있다. 해야 할 일의 세계에 사는 사람은 필요성이 충족되면 그 이상 성장하지 않지만, 하고 싶은 일을 추구하는 세계에 사는 사람의 성장은 끝이 없다. 10배 목표를 달성하는 사람들의 공통점은 자신이 정말 하고 싶은 일을 한다는 것이다.

해야 할 일과
하고 싶은 일의 차이

해야 할 일과 하고 싶은 일에는 큰 차이가 있다. 해야 할 일은 돈이나 벌금, 필요성 같은 외부 요인에 의해 움직인다. 이때 모든 기준이나 판단의 주체는 타인이다. 반면에 하고 싶은 일은 100퍼센트 내적인 욕구에서 나온다. 따라서 모든 기준과 평가를 스스로 결정하기 때문에 일하는 과정이나 결과 등을 스스로 조절할 수 있다.

해야 할 일의 세계에 사는 사람은 결핍을 메우며 살아간다. 이 세계에는 한정된 기회, 돈, 시간, 지위 따위가 있기 때문에 경쟁해서 파이를 뺏어야 한다고 생각한다. 이에 반해 하고 싶은 일의 세계에 사는 사람은 좀 더 여유롭다. 다른 사람과 경쟁하는 게 아니라 하고 싶은 일로 자유를 추구한다. 자기 스스로 자유를 실현하는 능력에 제한이 없다고 믿는다.

보통 사람들은 무의식중에 해야 할 일이 당연한 세계에 살고 있다. 어른이 되어 사회인이 되면 더욱 그렇다. 실제로 일을 하면서 하고 싶은 일뿐만 아니라 해야 할 일을 하지 않으면 마감을 지킬 수 없다고 말한 적도 있다. 해야 할 일을 하나도 해 놓지 않으면 그건 일이라 할 수 없다.

나도 처음에는 똑같이 생각했다(하고 싶은 일을 어떻게 우선 시할 것인지는 뒤에 자세히 설명해 뒀다). 과거에 나는 매일매일 해야 할 일에 파묻혀 지냈다. 하루의 일과는 이메일 확인부터 시작했는데 가능한 한 빨리 답장을 보내는 게 나의 첫 번째 해야 할 일이었다.

이메일 확인과 답장에 많은 시간을 쏟고 나서도 마감을 앞둔 자료 작성이나 견적서, 주문서, 청구서 작성과 내용 확인, 계약서 확인, 판매 데이터 집계 등 하루의 한나절 이상 해야 할 일을 처리하는 데 시간을 보냈다. 해야 할 일에 쫓기다 보니 스트레스를 받아 항상 불안하고 초조했다.

순수했던 마음을 다시 생각해야 할 때

처음에는 하고 싶은 일을 하라고 해도 감이 오지 않을 수 있다. 그건 마치 수조에 살고 있는 물고기에게 "물 밖에서 살고 싶니?"라고 물어도 수조 안에서 사는 게 당연하기 때문에 질문의 의미를 이해할 수 없는 것과 같다.

하지만 우리 모두 하고 싶은 일의 세계에 살 때가 있었다. 그건 바로 어린 시절이다. 나는 이와테현의 자연환경이 풍부한 곳에서 나고 자랐다. 어린 시절에는 호기심이 가득해 밖으로 곤충을 잡으러 가거나 지금까지 가 본 적 없는 곳으로 마치 탐험하듯이 친구들과 돌아다니는 걸 좋아했다. 그 시절에는 단순하게 하고 싶은 것만 했다.

어른이 된 지금도 하고 싶은 일인 의료 분야 회사의 경영을 하고 있다. 마치 탐험하듯이 팀 멤버와 해외 전시회나 거래처를 방문하고 최첨단 의료 기기 찾기를 보물찾기처럼 즐기고 있다.

"어렸을 때 좋아했던 일은 무엇이었나요?"

해야 할 일에서 하고 싶은 일의 세계로 이동하기 위한 계기를 만들어야 한다. 그중 하나가 어릴 때 좋아했던 것을 생각해 보고, 그 마음을 지금의 자신과 연결해 보는 것이다.

상상은 곧
현실이 된다

누구나 다음과 같은 경험을 해 봤을 것이다.

- 회사에 지각할 뻔했지만 겨우겨우 도착했다. 당시에는 '아, 큰일 날 뻔했다! 다음부터는 더 일찍 준비해야지'라고 생각하지만 5분만 지나도 잊어버린다.

- 평소 7시에 일어나는데 일찍 일어나면 인생이 바뀐다는 내용의 책을 읽고 '이 사람은 새벽 5시에 일어나는구나. 나도 5시에 일어나야지!'라고 생각하고 다음 날 아침부터 5시에 일어나려고 했지만, 작심삼일로 끝나 버렸다.

• 올해는 이전과 달리 도약하는 해로 만들려고 연초에 1년 치 목표를 세웠는데 어느새 다 잊어버렸다.

원상태로 가려는 컴포트 존의 힘

위 예시는 모두 원상태로 돌아가려는 '컴포트 존의 힘'이 작동한 결과다. 컴포트는 영어로 '편안한'이란 뜻이고, 존은 '영역'이라는 뜻이다. 즉 컴포트 존이란 그대로 있고 싶고 현재 그대로가 좋은, 안심하고 행동할 수 있는 영역을 말한다. 인간이 목숨을 지키기 위해 갖추고 있는 기능이기도 하다.

예를 들어 기온이 50도인 뜨거운 사막에 갔을 때 우리 체온이 50도로 오르면 살 수 없다. 반대로 영하인 곳에 갔을 때 체온이 영하로 떨어져도 살 수 없다. 그래서 인간의 몸은 목숨을 지키기 위해 일정한 체온을 유지하는 기능을 갖추고 있다.

컴포트 존 밖으로 벗어나면 안쪽으로 돌아가려는 기능이 작동한다. 이 기능을 호메오스타시스(생체 항상성)라고 한다. 몸에 난 상처가 시간이 지나면 사라지는 것도 호메오스타시스의 기능이다. 이처럼 강력한 힘이 몸뿐만 아니라 마음에도 작동한다. 컴포트 존은 사람이 무언가를 '바꾸고 싶다'는 생각을 할 때 브레이크를 건다.

실은 나도 10×를 처음 시도하려 했을 때 호메오스타시스가 작동했다. 토론토에서 10× 엠비션 프로그램 강의를 듣고 일본으로 돌아와 기존의 방식과 달리 고유 능력을 발휘해 큰 성과를 내고자 의기양양하게 "10배 목표를 달성할 거야"라고 외쳤다.

그런데 일하다 보니, '10배 목표 달성이라니, 엉뚱한 짓 하는 건 아닐까?', '지금까지 하던 대로 하면 별일 없을 텐데, 괜히 일을 만드는 건 아닐까?' 하는 생각이 들기 시작했다. 즉 컴포트 존의 힘이 시동을 건 것이다.

많은 사람이 원래 하던 방식을 고수하려는 건 컴포트 존의 작동으로 자연스러운 일이다. 달라지고 싶다고 생각해도 사람이란 본래 크든 작든 변화를 거부하는 성향이 있어 금방 컴포트 존의 익숙한 환경과 가치관으로 되돌아와 버린다.

컴포트 존을
목표 지점으로 옮겨라

그럼 어떻게 해야 할까? 현 상황에 머무르려는 컴포트 존을 미래에 자신이 설정한 목표로 이동시키면 된다. 그렇게 하면 컴포트 존으로 되돌아가려는 것을 막을 수 있고, 정말 이루고 싶은 목표에 동기 부여도 생긴다. 즉 10배 목표를 달성하기 위해 어느 날 갑자기 동기 부여를 끌어올리는 게 아니라 컴포트 존을 목표 지점으로 이동시키는 것이다.

사람은 2개의 컴포트 존을 가질 수 없기 때문에 목표 설정을 할 때 컴포트 존을 어디에 둘지 정한다. 현 상황의 범위 안에 둘지, 현 상황 범위 밖의 목표 지점에 둘지 생각해야 한다. 당신이 진심으로 원하는 모습이 있는 곳으로 컴포트 존을 이동시킨다.

예를 들어 다이어트를 하기 위해 몸무게를 10킬로그램 뺀다는 목표를 정할 때 살을 뺀 뒤의 모습을 상상해 본다. 멋진 정장을 차려입고 거리를 활보하거나 새로운 사람을 만나는 모습이 떠오른다면, 목표를 달성한 세계의 해상도가 올라가면서 뇌는 그 세계가 진짜 컴포트 존이라고 판단한다.

그렇게 되면 현 상황이 불편해지면서 자연스럽게 행동이 변하고 요요 현상도 사라진다. 10배 목표를 세울 때도 마찬가지로 목표를 달성했을 때의 모습과 함께 좋은 기분을 뇌에 각인시킨다.

나는 10배 목표 중 하나로 '의료 분야 회사의 제품 개발 사업의 매출을 10배 성장시킨다'는 목표를 세웠다. 지난 7년 동안 전년 대비 기준으로 현상을 유지해 왔는데 연 매출 5,000만 엔에서 과감히 10배인 5억 엔까지 매출 규모를 올리기로 결심했다. 이때 불가능한 이유는 일단 제쳐 두고 10× 마인드 익스팬더의 목표 세우는 방법을 기반으로 10배 목표를 달성한 미래의 모습을 상상해 봤다.

이렇게 컴포트 존을 이동시킨 다음, 기존 방식으로 개발을 지속하지 않았다. 의료 기기라는 제약을 벗어나 매출을 10배 올릴 수 있는 기술과 제품에 특화된 개발 방향성을 찾아냈다. 결국 매출을 10배 올리는 데 성공했다(매출을 10배 이상 올린 사례로 6장에 소개해 뒀다).

생각의 크기를 키우기 위해 버려야 할 9가지

"정말 내가 할 수 있을까?"

10×를 실천하기 시작한 단계에서는 앞에서 말한 것처럼 원래 상태로 되돌아가려는 컴포트 존의 힘이 작동한다. 지금까지 경험하지 못한 새로운 도전이기 때문에 불안한 건 자연스러운 일이다. 나 역시 그런 경험이 있는데, 그때 심정은 다음과 같았다.

"불확실한 10배 목표를 위해 노력하기보다 기존 방식을 택하는 게 편하고 더 확실하지 않을까?"

그런 마음은 날이 갈수록 커졌지만, 한편으로 10×의 4단계를 통해 10배 목표를 실현하는 것은 개인이나 팀 멤버는 물론 고객과 거래처에도 더 나은 선택지라는 사실도 알고 있었다. 또한 10×를 통해 10배 목표를 달성한 사람들과 직접 만나 보니 나도 그들처럼 반드시 성공하고 싶었다.

두 감정 모두 현재가 아닌 미래에 대한 감정이다. 10배 목표를 실현하는 4단계에 도전하는 과정에서 이러한 불안과 희망이 혼재되어 힘들 때가 있었다. 이때마다 스트래터직 코치에서 배운 '10×를 습관화하기 위해 버려야 할 9가지'를 상기하면서 어려움을 이겨 냈다.

과거의 방식은
모두 잊어라

10×를 실천하려면 기존 사고방식을 버려야 한다. 10배 목표를 달성하기 위해 업무를 고유 능력으로 특화하고, 팀과 협력하는 건 지금까지 해 오던 방식과 크게 다를 수 있다. 하지만 이전보다 더 큰 이상적인 미래를 실현하기 위해서는 용기를 갖고 과거의 방식과 사고방식은 버려야 한다. 이때 버려야 할 9가지는 다음과 같다.

① 기존의 사고방식.

② 적당한 성장에 만족하는 것.

③ 미래의 10배 성장을 부정하는 사고방식.

④ 성장에 부정적인 인간관계.

⑤ 정착하려는 사고방식.

⑥ 성공이나 실패의 원인이 다른 사람에게 있다는 사고방식.

⑦ 혼자서 10배 성과를 낼 수 있다는 사고방식.

⑧ 용기가 필요 없는 성장을 바라는 사고방식. 10배 성장을 이루는 과정에는 반드시 두려움이나 불안이 따르기 때문에 용기가 필요하다.

⑨ 갚아야 한다는 사고방식. 10× 같은 지수 함수적인 성장 과정은 상대방으로부터 빼앗는 게 아니라 서로 주고받으며 성장하는 윈윈 관계다.

용기를 갖고
버리면 얻는 것들

10×를 실천하는 과정에서 불안하고 두렵겠지만 용기를 갖고 위에 나열한 것들을 버려야 한다. 댄 설리번의 스트래터직 코치도 위 9가지를 버린 결과 지금까지 3차례나 10배 목표를 달성했

다고 한다.

현재 스트래터직 코치에서 진행하는 신규 강좌의 1일 워크숍 매출은 설립한 지 2년째에 달성한 연간 매출보다 높다고 한다. 스트래터직 코치는 이전부터 워크숍을 개최했고 지금도 개최하고 있다. 과거와 달리 워크숍에도 10×를 반영해 고유 능력으로 특화하고, 팀을 만들고, 새로운 기술을 도입했다.

댄 설리번은 현재 79세인데 "95세가 되어도 워크숍 강의를 계속할 것"이라고 단언했다. 그는 40년 이상 워크숍 강의를 해 왔으며 이 일을 진심으로 사랑한다고 말했다. 그러면서 자기 고유 능력에 특화된 강의 외에 다른 일은 상상할 수도 없다고 했다. 10×를 실천하면 지수 함수적으로 성장하는 동시에 지속 가능한 일도 찾을 수 있다.

큰 목표를 설정하기 전
스스로에게 질문할 것들

10배 목표를 설정할 때는 새롭운 방법을 떠올려야 하지만 처음부터 새로운 방법을 떠올리기 쉽지 않다. 그래서 10배 목표 달성을 위한 아이디어를 얻을 수 있는 질문들을 소개한다.

목표 달성에 도움 되는
방법을 늘 살펴라

첫 번째, "10배 목표 달성을 위해 어떤 새로운 기술을 활용해야 할까?"

새로운 기술 활용이 10배 목표를 달성하는 계기가 될 수도 있다. Google 앱이나 ChatGPT 같은 생성형 AI 따위를 잘 사용하면 10배 이상 생산성을 높일 수 있다. 이러한 신기술은 목표 달성에 큰 도움이 된다.

두 번째, "10배 목표 달성을 위해 어떤 협업을 해야 할까?"

큰 성과를 얻기 위해 협력 관계나 파트너십을 구축하면 시너지 효과를 낼 수 있다. 이는 개인도 회사도 마찬가지다. 개인의 경우에는 목표 달성을 위해 본인이 좋아하지도, 잘하지도 못하는 일은 그 일을 좋아하고 잘하는 사람은 없는지, 그 사람을 팀에 합류시켜 일을 맡길 수 없을지 궁리해 본다.

회사의 경우에는 사내 프로젝트를 진행할 때 그 일을 좋아하고 잘하는 사람으로 팀을 구성한다. 사내에 그럴 만한 사람이 없다면 신규 직원을 채용하거나 외주를 주는 것도 고려해 본다. 또한 자사가 잘하는 분야와 타사가 잘하는 분야를 협업하면 시너지 효과를 낼 수 있다.

세 번째, "10배 목표 달성하기 위해 어떤 시스템을 구축해야 할까?"

혼자서 10배 목표를 달성하기란 매우 힘든 일이다. 팀으로 진행해야 10배 목표를 달성할 수 있다. 팀 멤버의 역할과 책임감을 명확히 하고 매번 설명하지 않도록 업무 매뉴얼을 구성해 생산성이 향상되는 시스템을 만든다. 남에게 의지하지 않고 누가 해도 같은 성과를 낼 수 있는 체크 시트와 디지털 도구 등을 활용해 업무를 자동화한다.

실용적이고 현실적인 사례에 집중하라

네 번째, "10배 목표를 달성한 성공 사례는?"

이 질문은 새로운 아이디어나 방법을 찾는 데 도움이 된다. 인터넷으로 검색해 보거나 관련 책을 읽으며 공부하거나 그 분야에 정통한 사람에게 조언을 구한다. 다른 업종의 성공 사례를 찾아보기도 하고, 같은 분야라면 다른 지역이나 다른 나라의 성공 사례를 찾아보고 잘된 성공 사례를 조사해 본다. 아무것도 모르는 상태에서 독자적인 방법을 취하는 것보다 성공 확률이 훨씬 높다.

다섯 번째, "10배 목표를 달성하려면 어떤 과제가 있을까?"

앞선 질문이 성공 사례로 배우는 착안법인 데 반해, 이번 질문은 "뭐가 부족한 거지?", "잘 안되는 이유가 뭘까?"라고 생각하는 고생법(부족한 부분을 찾아 개선하는 사고방식)이다.

이는 히트 상품 컨설턴트의 1인자인 이부키 다쿠 씨가 만들어 낸 아이디어 창출법이다. 착안법과 고생법에서 찾을 수 있는 해결책은 다르다. 따라서 더 큰 결과를 낼 수 있는 방법을 택한다.

여섯 번째, "10배 목표를 달성하려면 어떤 시장과 고객의 요구에 맞춰야 할까?

세상이 빠르게 변화하고 있기 때문에 이 질문도 10배 목표를 달성하는 데 도움이 된다. 세상의 흐름에 따라 시장이나 고객의 요구 사항도 달라진다.

이 밖에도 10배 목표 달성에 도움이 되는 질문이 많지만, 특히 효과가 높은 질문들을 정리했다. 이 질문은 당신의 사고를 자극해 새로운 아이디어를 떠올리는 데 도움을 줄 것이다. 스스로에게 이런 질문을 던지면서 창의적인 해결책이나 혁신적인 접근법을 찾아내면 10배 목표를 달성할 가능성이 높아진다.

충분하지 않다는 생각을
충분하다는 생각으로 바꿔라

"10배 목표를 달성하기 위한 기간은 어떻게 설정하면 좋을까요?"

10배 목표를 설정할 때 이런 질문을 자주 받는다. 이 질문에 대답하려면 10×의 사고방식으로 전환해야 한다. 이번에는 그 전환 방법을 소개하겠다.

10× 엠비션 프로그램에 처음 참가한 사람들은 10배 목표를 설정할 때 두려움을 느낀다. 나도 마찬가지였다. 10배 목표 달성이 불가능해 보였기 때문이다. 내 경우에는 목표 달성 여부와

같이 일에 대한 성과를 평가받는 것이 두려움의 가장 큰 원인이었다. 그래서 전년보다 성장하더라도 목표를 달성하면 성공, 달성하지 못하면 실패라고 생각했다. 전년 대비 1.5배나 성장해도 10배라는 목표를 달성하지 못할 가능성이 높아지면 실패했다는 두려움으로 가득했다.

하지만 정말 중요한 건 목표 달성, 미달성을 나누는 게 아니라 성장률이라는 걸 깨달았다. 10배 목표를 세웠는데 1년 성과로는 미달이었지만 지난해보다 1년 성장률이 더 웃돌았다면 실패라고 할 수 있을까? 즉 10배 목표를 달성하기 위한 과정이 더 중요하다.

사실 목표의 크기보다
달성 기간을 두려워한다

"달성 불가능한 목표는 없고, 달성 불가능한 마감만 있다."

댄 설리번은 이렇게 말했다. 보통 10배 목표 달성을 생각할 때 '마감 기한'을 동시에 떠올린다. 맞다. 두려움을 느끼는 건 10배 목표가 아니라 마감 기한이다.

만약 10배 목표를 달성하는 데 25년이라는 기간을 설정하면 어떨까? 아직도 달성할 수 없는 목표라는 생각이 들까? 아니면 10배 목표를 달성하는 데 충분한 기간일까?

이를테면 '10배 목표를 달성하는 건 불가능하다. 시간이 충분하지 않다'고 생각하지 말고, 마감을 25년으로 정해서 '이 정도 시간이면 충분하면 달성할 수 있다'고 생각을 전환한다. 생각을 바꾸면 10배 목표는 현실적으로 달성할 수 있는 목표가 된다.

10배 더 오래 더 열심히 일하는 건 불가능하지만, 25년이라는 기간을 설정하면 각자의 고유 능력을 활용해 목표 달성을 향해 전진할 수 있다.

물론 많은 사람이 25년 앞의 미래까지 생각할 필요는 없다고 생각한다. 미래에 무슨 일이 일어날지 알 수 없고, 지금의 목표를 달성하는 데 굳이 25년이라는 긴 시간이 필요하지 않다고 생각하기 때문이다. 하지만 25년이라는 축을 세워 두면 더 이상 시간이 없어서 못 한다는 변명은 할 수 없다.

오늘부터 25년이라는 시간 축으로 당신의 사업이나 회사가 25년 뒤에 최고 성장을 이룬다고 상상해 보자. 그 성장 궤도 곡선에서 당신의 사업이나 회사가 10배 목표를 달성하는 시점은 언제일까? 그 시점이 10배 목표를 달성하는 마감일이다.

그 포인트를 정하면 뇌에서 더 빨리, 더 쉽게 10배 목표를 달성하기 위한 방법을 찾기 시작한다. 25년이라는 시간 축으로 생각하면 다음과 같은 4가지 시점의 전환이 촉진된다.

4가지
시점의 전환

첫 번째, 시간이라는 압박에서 해방된다.

충분한 시간이 없을 때는 누구나 압박과 불안을 느낀다. 25년이라는 시간 축으로 생각하면 목표를 달성하기 위한 충분한 시간이 있기 때문에 압박이나 불안에서 해방되어 자신감을 갖고 목표 달성을 향해 행동할 수 있다.

두 번째, 목표 달성에 주력할 수 있다.

25년이라는 시간 축이 있으면 목표 달성에 차분히 주력할 수 있다. 하루하루의 성과가 누적되어 일이 진척되고, 성장을 실감할 수 있다. 주위 사람들과의 관계성과 큰 목표를 달성한다는 결심에 가치를 느끼게 된다.

세 번째, 적은 노력으로 큰 성과를 달성할 수 있다.

시간의 압박이나 불안을 느끼지 않게 되면 고유 능력을 활용해 팀 멤버와 같은 목표로 향하기가 수월해진다. 그러면 적은 노력으로 큰 성과를 달성할 수 있다. 팀 전원이 다 같이 성장하면서 즐겁게 일할 수 있다.

네 번째, 더 큰 야망을 품게 된다.

인간은 자신의 야망을 끊임 없이 성장시킬 수 있는 능력을 갖고 있다. 25년이라는 시간 축으로 생각하면 시간이 부족해 못 할 거 같다는 마음의 제한이 사라진다. 동기가 높아지고 의욕이 넘친다. 팀 멤버와 다 같이 목표를 향해 뛸 수 있다.

10×는 더 오래 더 열심히 일해서 짧은 시간에 억지로 10배 목표를 달성하는 것을 지향하지 않는다. 창의적인 해결책이나 혁신적인 접근법으로 10배 목표를 달성할 수 있는 적절한 기간을 설정한다.

실제로 10배 목표를 달성하는 데 꼭 25년이 필요한 건 아니다. 가령 목표에 따라 5년, 3년, 1년 만에 10배 목표를 더 빠르게, 더 쉽게 달성할 수도 있다. 여기에서 25년이라는 기간 축을 설정한 것은 어디까지나 예시일 뿐이다. 이로써 시간이 없어서 못 한다는 핑계는 사라졌을 것이다. 마음의 걸림돌은 이런 설정 하나로 없앨 수 있다.

10배 목표를 달성하는 기간은 스스로 정한다. 1년 후, 3년 후, 5년 후 등 기간은 사람마다 다를 수 있다. 기간을 설정한 뒤에는 목표를 달성하기 위한 계획을 세운다.

성공은 스스로
생각하기 나름이다

댄 설리번은 10× 엠비션 프로그램에서 돌파구를 찾기 위한 사이클로 다음 4가지 C를 '4C 공식'이라고 불렀다.

① 결의(Commitment)
② 용기(Courage)
③ 능력(Capability)
④ 자신감(Confidence)

이 순서대로 각 단계를 밟으면 돌파구를 찾을 수 있다.

4C 공식

사람은 새로운 일에 도전할 때 우선 결의를 한다. 결의는 4C 공식에서 가장 중요한 첫 단계이다. 10배 목표 달성을 결의할 때는 그 목표를 달성하고 싶은 굳은 마음과 의지가 필요하다. 10배 목표를 달성할 수 있을지 없을지는 알 수 없지만 10×는 결의하는 것으로 시작한다.

우리는 어떤 큰 목표를 달성하려고 결의할 때 두려움과 불안을 느낀다. 이 두려움을 극복하려면 용기가 필요하다. 계획을 미루고 싶은 유혹에 빠질 때 결의한 목표를 달성하기 위해 용기를 갖고 다시 도전하는 게 중요하다.

일을 미루는 사람은 두려움과 불안을 느껴 다음 행동을 하지 못하고 멈춰 버리지만 용기가 있는 사람은 두려움과 불안을 느껴도 행동에 옮겨 앞으로 나아간다. 사람은 용기를 갖고 도전하면서 실패나 성공의 경험을 쌓고, 그 경험을 바탕으로 새로운 돌파구를 찾아낸다. 기존의 컴포트 존 밖으로 나와 도전을 멈추지 않다 보면 새로운 능력을 얻을 수 있다.

새로운 능력을 키운 사람은 자신감을 얻는다. 4C의 과정을 통해 능력을 키우면서 자신감도 생긴다. 이 4C는 시계 방향으로 순환하는 형태다. 4번째 C인 자신감 단계로 나아간 뒤에는 다시 새로운 도전을 향해 결의한다. 이처럼 10×의 4C 사이클을 돌면서 더 크고 더 멋진 미래를 실현할 수 있다.

꿈은 크게
시작은 작게

"Think Big, Start Small."

Google이 혁신을 위한 지침으로 삼고 있는 기본 자세 중 하나다. Google의 '꿈은 크게, 시작은 작게'라는 사고방식은 제품의 완성도를 높인 뒤에 발매하기보다 베타판으로 사전 발매해서 사용자들의 피드백을 받아 제품의 완성도를 높이는 방식으로 실천하고 있다. 지나치게 세밀한 계획을 세우기보다 실행 후 피드백이나 성과를 통해 배운다. 속도와 개선 과정을 중시하는 사고방식이다.

시작을 작게 하면 초기 단계에서 발생하는 작은 실패를 통해 배울 수 있고 그것은 다음 단계에서 활용할 수 있다. 큰 목표를 세우고 작은 단계부터 시작한다는 접근 방식은 10×의 방식과 같다.

10배 성과를 올리기 위해서는 우선 작은 단계부터 시작한다. 그 단계에서 잘되면 10배 목표 달성 가능성을 가늠해 볼 수 있다. 스스로 10배 목표를 정했지만 부담감 때문에 어디서부터 시작해야 할지 몰라 허둥대고 있다면 이 방법이 효과적일 것이다.

나 역시 처음 10배 목표를 세웠을 때 매출을 5,000만 엔에서 10배인 5억 엔까지 올리려면 도대체 어떻게 해야 할지 감도 잡히지 않았다. 해당 사업에 참여한 팀 멤버들도 "뭐부터 시작하면 좋을까요?"라며 당황해 했다.

하지만 작은 단계부터 천천히 시도해 보니 서서히 발전하는 모습이 보였고 의욕도 높아졌다. 나는 기존의 제품 개발 시장이 아닌 매출을 10배 올릴 수 있는 기술과 제품을 개발할 수 있는 시장 조사부터 시작했다.

또한 매출을 10배 올리기 위한 동기 부여를 얻고자 자기계발서를 읽기 시작했다. 그리고 여러 경영 세미나에 참석해서 배운 것을 실천해 봤다.

그 밖에도 매일 15분씩 새로운 기술을 익히거나 생각나는 아이디어를 메모하는 사소한 일에도 나날이 발전하는 모습을 보면서 성장하는 기쁨을 맛볼 수 있었다.

작은 단계에서 얻은 결과는 자기 성장을 촉진하고 자신감을 길러 준다. 이 작은 단계 하나하나가 모여 머지않아 큰 성과로 이어질 것이다.

.

마음먹기에 따라
결과는 달라진다

'성장 마인드 셋'이란 스탠퍼드대학교 심리학 교수 캐럴 드웩이 제시한 이론이다. '자신이 갖고 있는 능력이나 재능은 경험이나 노력으로 향상시킬 수 있다'는 사고방식이다. 이노베이션 싱킹이란 말 그대로 '혁신적 사고'다.

성장 마인드 셋을 지닌 사람은 실패를 두려워하지 않고 도전한다. 다른 사람의 평가에 휘둘리지 않고 자기 성장과 배움을 지속한다. 그리고 도전을 긍정적으로 받아들인다. 도전을 기꺼이 받아들이고 적극적으로 도전하는 경향이 있다.

또한 도전하는 과정에서 과제를 만나면 다각도에서 문제를 마주보기 때문에 혁신적인 해결책이나 아이디어를 낼 수 있다. 그리고 노력하면 능력을 올릴 수 있다고 믿기 때문에 노력에 수반

되는 고통이나 피로도 극복하려 한다.

실제로 사람은 성장 마인드 셋을 지닌 사람과 지니지 않은 사람 두 종류로 나뉜다. 성장 마인드 셋의 반대말은 '고정 마인드 셋'이라고 하는데, '사람의 능력은 고정되어 있어 노력해도 달라지지 않는다'는 사고방식이다.

고정 마인드 셋을 가진 사람은 실패를 두려워하고 도전이나 어려운 문제를 피하려는 경향이 있다. 어떤 일에 실패하면 남의 탓으로 돌리고 자기반성을 하지 않기 때문에 성장할 기회를 잃는다.

이 책을 읽고 있는 당신은 분명 성장 마인드 셋을 지닌 사람이다. 10배 목표를 달성하려면 혼자가 아닌 팀으로 해야 하는데 팀 멤버도 당연히 성장 마인드 셋을 지닌 사람이면 좋다. 성장 마인드 셋을 지닌 팀 멤버와 창의적인 방법으로 혁신을 일으켜 큰 목표를 달성해 세상에 공헌할 수 있다. 이처럼 큰 목표를 달성하려면 유연한 사고의 전환이 필요하다.

의료업계는 지금까지 '전년 대비 +10퍼센트' 같은 목표 설정 방식을 취했다. 하지만 10배 목표를 달성하려면 사업의 근본부터 다시 살펴본다든가 기존에 없던 기술 개발에 착수하는 식으로 사고의 전환이 필요했다.

10배 목표를 실현할 때 10×의 4단계에 따라 혼자가 아닌 팀으로, 작은 것부터 쌓아 가는 방법은 심리적인 면에서도 굉장히 합리적이었다. 우리 팀은 Think Big, Start Small 사고방식으로 한 걸음씩 나아가면서 자신의 가능성을 최대한으로 끌어올려 큰 목표를 달성했다. Think Big, Start Small을 실천하면서 오늘부터 작은 한 걸음을 내디디며 큰 목표를 향해 나아가길 바란다.

3장

10× 두 번째 단계

나의 능력을
키워라

이제는 하고 싶고
잘하는 일에 집중하자

"업무 중 하고 싶지 않은 일이나 잘하지 못하는 일의 비율은
어느 정도인가?"

만약 하고 싶지 않은 일이나 잘하지 못하는 일이 절반 이상을
차지한다면 일의 내용을 재검토하는 게 좋다.

10배 목표를 달성하는 두 번째 단계는 자신의 업무를 '좋아하
는 일', 잘하는 일', '사람들에게 도움이 되는 일', '돈을 벌 수 있는
일'로 특화하는 것이다. 하고 싶지 않은 데다 잘하지도 못하는
일을 억지로 하면 큰 성과를 낼 수 없다.

좋아하고 잘하는 일을
해야 하는 이유

스트래터직 코치의 10× 엠비션 프로그램 수강 시 업무 중 하고 싶지 않은 일이나 잘하지 못하는 일의 비율을 파악하는 페어 워크를 한 적이 있다. 그 결과, 내 업무 중 하고 싶지 않은 일과 잘하지 못하는 일의 비율이 절반 이상이었다. 나와 짝을 이룬 상대가 진지한 얼굴로 "고유 능력의 비율을 늘리는 게 좋겠어요"라고 했다.

반면에 나와 짝을 이룬 상대는 하고 싶지 않은 일이나 잘하지 못하는 일을 전혀 하지 않았다. 그는 10배 성과를 내면서 재량껏 자유 시간을 즐겼다. 일과 사생활 모두 충실한 나날을 보내고 있다고 했다. 나는 업무 중 하고 싶지 않은 일이나 잘하지 못하는 일을 생각보다 많이 하고 있다는 사실을 깨달았다.

그동안 나는 판매 데이터 집계가 좋아하는 일은 아니었지만 경험이 쌓여 다른 사람보다 능숙해져서 자연스레 계속 담당해 왔다. 하지만 판매 데이터 집계는 좋아하는 일이 아니기 때문에 이 일만 하고 나면 피곤하고 금세 지쳤다.

판매 데이터 집계를 좋아하고 잘하는 팀 멤버에게 맡기면 나는 더 생산적인 일에 시간을 쓸 수 있고 쉽게 지치지 않아 결과적으로 더 큰 성과를 낼 수 있다. 그리고 판매 데이터 집계가 고유 능력인 팀 멤버는 나보다 빨리 데이터를 집계할 수 있고, 내가 하던 것보다 더 훌륭한 결과물을 만들어 낼 수 있다.

잘하지 못하는 일도
참고 해야 한다는 착각

　하고 싶지 않은 일이나 잘하지 못하는 일을 억지로 계속하는 사람과 좋아하고 잘하는 일을 지치지 않고 하는 사람은 큰 차이가 있다.

　"무슨 말인지 이해는 되지만 그래도 하고 싶지 않고 잘하지 못하는 일도 해야 하지 않을까요?"

　"하기 싫은 일은 안 하고 좋아하는 일만 하다니, 그런 건 세상에 없어요."

　"사회인으로서 어른이라면 잘하지 못하는 일도 노력해서 극복해야 해요."

　이렇게 생각하는 사람이 대부분일 것이다. 하지만 하고 싶지 않고 잘하지 못하는 일을 참으면서 해내야 한다는 사고방식은 동기 부여뿐만 아니라 생산성 면에서도 크게 도움 되지 않는다.

우선 평소 업무 중에서 하고 싶지 않은 일이나 잘하지 못하는 일을 줄이고, 좋아하고 잘하는 일을 늘려 보자. 그다음에 자신이 하고 싶지 않고 잘하지 못하는 일을 맡길 만한, 그 일을 고유 능력으로 지닌 팀 멤버를 찾는다.

하고 싶지 않거나 잘하지 못하는 일을 천천히 줄여 나가는 것부터 시작하기 위해서는 먼저 자기의 고유 능력을 정확히 파악해야 한다. 그런 다음에 팀 멤버의 고유 능력을 파악한다. 이 과정을 거쳐 팀 멤버가 각자의 고유 능력을 살릴 수 있는 업무 방식을 취한다.

특히 기업가나 경영자, 회사의 리더가 하고 싶지 않고 잘하지 못하는 일을 계속해서 하고 있으면 팀에도 영향을 준다. 팀 멤버들은 하고 싶지 않고 잘하지 못하는 일을 참으면서 억지로 일하게 된다. 따라서 당신이 경영자나 리더라면 솔선수범하여 하고 싶지 않은 일이나 잘하지 못하는 일을 줄이고, 그 일을 좋아하고 잘하는 사람에게 맡긴다.

이 방식을 바로 도입하기가 어렵다면 가볍게 시도해 볼 수 있는 방법이 있다. 가족끼리 각자 좋아하고 잘하는 일을 살려 집안일을 나눈다. 만약 가족 모두가 하고 싶지 않거나 잘하지 못하는 일이라면 외부에 맡길 수 없는지 검토해 본다. 일상생활에서도 본인이 하고 싶지 않거나 잘 못하는 일을 좋아하고 잘하는 사람에게 맡기면 생산성이 훨씬 높아진다.

당신만이 가진
특별함을 깨워라

고유 능력이란 앞에서 말했듯이 좋아하는 일, 잘하는 일, 사람들에게 도움이 되는 일, 돈을 벌 수 있는 일, 이 4가지 조건을 모두 만족하는 것이다. 고유 능력을 설명할 때 "좋아하는 일과 잘하는 일은 같은 거 아닌가요?"라는 질문을 받은 적이 있는데 이 둘은 분명 다르다.

좋아하는 일이란 그 일을 하고 있으면 기쁘고 충만감이 든다. 반면 잘하는 일은 좋아하는 일은 아니지만 능숙하게 할 수 있는 일이다. 좋아하지 않지만 잘하는 일도 있고, 좋아하지만 잘하지 못하는 일도 있다.

나의 경우 판매 데이터 집계는 좋아하는 일이 아니지만 잘하는 일이다. 따라서 잘하지 못하는 사람보다 효율성이 좋다. 한편 외국어를 배우거나 말하기는 좋아하지만 잘하는 일이 아니라서 잘하는 사람에게 맡기는 편이 더 낫다.

개인의 능력에
집중하면 결과가 바뀐다

"좋아하는 일을 계속하다 보면 잘할 수 있지 않을까요?"

이러한 말도 일리는 있지만 잘하게 되기까지 꽤 많은 시간과 노력이 필요하다. 다음 장에서 더 자세히 이야기하겠지만 10×에서는 어떻게 할지보다 누구와 할지를 더 중요하게 생각한다. 따라서 잘하지 못하는 일은 잘하는 사람에게 맡기는 게 더 빨리, 더 큰 결과를 낼 수 있다.

여기서 결국 중요한 포인트는 좋아하고 잘하는 일에 주력하여 생산성을 높이는 것이 가장 좋은 방법이라는 점이다. 10×에서는 좋아하는 일과 잘하는 일을 모두 만족시키는 일에 집중한다. 그리고 좋아하지 않고 잘 못하는 일은 줄이고, 그 일을 좋아하고 잘하는 팀 멤버에게 맡기거나 자동화 시스템을 이용해 시스템이나 AI에 맡겨 일을 줄일 수도 있다.

10×에서는 인재 채용을 비용(인건비)이 아닌 투자로 본다. 인재 채용은 자유 시간을 늘리고, 각자의 고유 능력을 살린 일을 함으로써 성과를 얻기 위한 투자다. 팀 멤버를 미래를 위한 투자로 간주할 수 있는 마인드 셋을 갖추면 각자 좋아하고 잘하는 일에 주력해 기존보다 훨씬 큰 성과를 낼 수 있다.

목표 성취를 위해
꼭 해야 할 투자

이번에는 10× 엠비션 프로그램에 참가했을 때 직접 보고 들은 좋아하고 잘하는 일을 살려 10배 목표를 달성한 케빈의 사례를 소개한다.

스트래터직 코치의 고객이자 신발 용품 제조회사 경영자인 케빈의 고유 능력은 영업이었다. 회사의 실적은 좋았지만 그의 일상은 눈코 뜰 새 없이 바빴다.

케빈은 고유 능력인 영업뿐만 아니라 좋아하지도, 잘하지도 못하는 일까지 본인이 모두 해 왔다. 케빈은 회사를 물려준 아버지가 해오던 거래처에 친필 편지를 보내는 일을 매년 했는데 그 일은 그의 고유 능력을 살리는 일이 아니었다.

케빈은 10×에서 배운 대로 좋아하지도, 잘하지도 못하는 사무 일을 맡길 만한 비서를 고용하기로 했다. 주 20시간, 사무 업무를 대신해 주는 비서를 고용하면 영업에 주력할 수 있다고 생각했다.

비서를 고용하면 한 달에 30만 엔의 인건비가 발생하지만 케빈은 자신이 좋아하지 않고 잘하지도 못하는 일들을 비서에게 맡길 수 있다. 비서에게 거래처 회사에 친필 편지를 쓰는 일과 이메일 관리를 맡기자 그는 시간이 많아졌다. 케빈은 영업에 더 주력할 수 있게 되어 월 300만 엔의 매출을 올렸다.

이 사례는 비서 채용이 10배 목표를 달성하기 위한 투자 중 하나였음을 보여 준다. 10×를 알기 전 케빈은 비서 채용에 대해 투자보다는 경비라고 생각했다. 따라서 매월 경비가 드는 것이 불안했다고 한다. 하지만 팀 멤버를 미래를 위한 투자로 보는 마인드 셋을 갖추고 비서를 채용하자 10배 목표를 돌파했다.

여전히 본인이 하고 싶지 않은 일이나 잘하지 못하는 일을 억지로 하는 사람이 많다. 과거 미국에서 일한 경험에 비춰 보면 미국은 자신이 좋아하고 잘하는 일을 살려서 일할 수 있는 사회 분위기가 형성되어 있다.

생산성이 높은 회사들을 보면 직원들의 고유 능력을 살릴 수 있는 제도가 정비되어 있다. 지금까지 좋아하지 않고 잘하지 못하는 일을 하면서 지속적으로 생산성을 올리는 사람은 본 적이 없다. 같은 일이라도 일하는 사람에 따라 생산성이 달라진다면 그 일에 맞는 사람이 하는 게 가장 좋은 선택이다.

자신의 영향력으로 수익을
창출하는 것도 능력이다

생산성을 높이려면 좋아하고 잘하는 일을 해야 한다. 좋아하는 일은 바꿔 말하자면 가치관이다. 가치관이란 자신이 가치를 느끼는 것으로, 자신이 가치를 느끼는 일을 하면 마음속 깊이 만족감을 느껴 즐겁게 일할 수 있다.

잘하는 일은 바꿔 말하자면 타고난 재능이나 갈고닦은 센스라고 할 수 있겠다. 선천적으로 잘하는 경우와 후천적으로 잘하게 된 경우가 있다. 선천적으로 신장, 골격, 근력 같은 신체 조건을 타고나 운동 능력이 좋은 사람도 있고, 후천적으로 노력해서 운동 능력을 키운 사람도 있다.

또 수학이나 음악 따위는 타고난 재능에 노력하면 할수록 잘하게 되는 사람도 있다. 좋아하는 일과 잘하는 일을 잘 결합하면 좋은 결과로 이어질 수 있다.

하지만 자신이 좋아하고 잘하는 일을 명확히 파악해 열심히 해도 사람들에게 도움이 되지 않는다면 사람들의 관심을 얻기 힘들다. 또한 돈이 되지 않는 일이라면 이익을 낼 수 없어 비즈니스로 성공할 수 없다.

열정이 있어도 사람들에게 도움이 안 되거나 돈을 벌 수 없다면 고유 능력이 아닌 단순히 취미에 그치고 만다. 비즈니스로 크게 성장하기 힘들다. 따라서 고유 능력의 4가지 조건 중 나머지 2가지는 사람들에게 도움이 되면서 비즈니스적으로 돈을 벌 수 있는 일이어야 한다.

취미로 할 때는 열정이 향하는 대로만 하면 되지만 비즈니스로 생각하면 말이 달라진다. 업무적으로 10배 성과를 내기 위해서는 좋아하고 잘할 뿐만 아니라 사람들에게 도움이 되고 돈을 벌 수 있는 조건도 만족해야 한다.

즉 좋아하고 잘하며 사람들에게 도움도 되지만 돈을 벌 수 없다면 자원봉사나 NPO, NGO 같은 활동으로 만족해야지 10배 성과는 기대할 수 없다.

고유 능력을
발견하는 순서

고유 능력을 발견하는 순서는 다음과 같다. 우선 좋아하고 잘하는 일을 명확히 파악한 다음 그 일이 사람들에게 도움이 되는지, 돈을 벌 수 있는지 확인한다.

사람들에게 도움이 되고 돈을 벌 수 있는 일을 발견해도 자신이 좋아하고 잘하는 일이 아니면 열정을 갖고 지속하기 어렵다. 따라서 좋아하고 잘하는 일이 우선이다. 좋아하는 일을 찾으려면 아래 질문을 던져 보자.

"시간을 잊고 집중할 수 있는 일은 무엇인가?"

"무엇을 할 때 가장 행복한가?"

"제약 없이 뭐든 할 수 있다면 무엇을 하고 싶은가?

잘하는 일을 찾을 때는 아래 질문을 던져 보자.

"어떤 칭찬을 자주 듣는가?"

"시간을 많이 들이지 않고 할 수 있는 일은 무엇인가?"

"다른 사람을 보고 (본인은 잘해서) '왜 이런 일도 못하지'라는 생각이 든 일이 있었는가?"

일상에서 당연하다고 생각하는 일 중에서 잘하는 일이 숨어 있을 수도 있다. 사람들에게 도움이 되는 일을 하면 사람들이 고마워하기 때문에 행복해진다. 자신이 좋아하고 잘하는 일을 하면서 사람들에게 도움까지 된다면 그 일에서 보람을 느낄 수 있다.

자신이 좋아하고 잘하는 일을 명확히 파악한 다음에는 '사람들에게 도움이 되는 일인지', '사회에서 원하는 일인지', '세상에서 필요로 하는 일인지' 같은 질문을 스스로 던져 보자.

좋아하고, 잘하고, 사람들에게 도움이 되는 일이라면 돈을 벌 가능성도 높다. 실제 그 일을 하는 사람이 있다면 돈을 벌 수 있는 일이다. 따라서 그 일은 당신의 고유 능력이라고 볼 수 있다. 이 4가지 조건을 만족하는 일을 찾았다면 일에 대한 기술이나 지식을 꾸준히 공부하자. 그러면 고유 능력을 더 키울 수 있다.

개인의 만족도가
집단에 미치는 영향

우리는 인생의 상당한 시간을 일에 소비한다. 그럼에도 많은 회사와 조직의 직원들은 좋아하고, 잘하고, 사람들에게 도움이 되고, 돈을 벌 수 있는 고유 능력을 살리지 못하고 있다.

당신은 어떤가? 주위 사람들은 어떤가? 일을 하면서 진심으로 만족감이나 성과를 느끼고 있는가? 좋아하지도, 잘하지 못하는 일을 억지로 하고 있지는 않는가? 비즈니스에서 팀 멤버가 앞서 말한 4가지 조건을 만족하는 일을 하게 되면 개인의 열정과 재능을 바탕으로 다른 팀 멤버와의 협업에도 시너지 효과를 낼 수 있다.

우선 좋아하는 일을 하면 동기 부여가 확실히 생기고 일에 대한 열정도 높아진다. 진심으로 보람을 느끼고 즐겁게 일하기 때문에 창조성과 혁신적인 아이디어가 샘솟는다.

또한 잘하는 일을 하면 개인의 기술이나 능력을 최대한 활용할 수 있다. 잘하는 일에 집중하면 개인의 전문성이 높아지고 성과와 품질도 높아진다.

사람들에게 도움이 되는 일을 한다는 건 가치 추구를 의미한다. 자발적인 사회 공헌 활동은 사회 전체에 긍정적인 영향을 줘 개인의 만족감과 조직의 평가가 향상된다.

돈을 벌 수 있는 일을 하면 비즈니스를 지속시킬 수 있다. 이는 성장을 위해 필요한 조건이다. 경제적 성과를 창출하면 팀과 조직의 성취감도 높아진다.

하지만 실제로 많은 회사와 조직에서 이런 이상적인 상태와는 거리가 먼 모습을 보인다. 많은 사람이 자신이 하는 일에 만족하지 못하고 보람과 성과를 느끼지 못하고 있다.

나를 어디에 놓느냐에
따라 성공의 크기가 결정된다

나의 친구는 IT 기업에서 영업 관리직으로 일하고 있다. 어느 날 친구가 "오랜 시간을 일하는데 내가 좋아하고 잘하는 일이 아니라 그런지 최근에는 동기 부여도 잘 안되고 스트레스도 많아졌어"라고 말했다. 친구는 지금 하는 일이 정말 자신에게 맞는지, 자신에게 맞는 일을 하면 더 만족감을 느낄 수 있는지 고민 중이라고 한다.

나는 친구에게 댄 설리번의 10×와 고유 능력의 개념을 소개해 줬다. '각 팀 멤버가 자신의 열정과 재능에 기반을 둔 일을 해서 개인의 성과와 조직의 성장을 최대화하는 것을 목표로 하는 것'

이라고 설명했더니 친구는 흥미진진하게 들었다.

고유 능력을
발휘하지 못한 사람

나는 친구가 직장에서 어떤 일을 하는지 자세히 물어봤다. 원래 사람들과 소통하는 일을 잘해서 영업에서 성과가 좋았다고 한다. 그 뒤 관리직으로 승진하면서 숫자를 분석하는 일이 늘었는데 이게 새로운 시련이 되었음을 깨달았다.

친구는 숫자를 다루는 일에 서툴렀고 점점 의욕도 저하되었다. 친구는 자신의 강점을 살리지 못하는 것에 불만을 느끼며 스트레스가 쌓였다고 한다. 친구는 나와 나눈 이 대화를 계기로 직장 내에서 자기 고유 능력을 발휘하기 위해 고객이나 팀 멤버와 소통하는 시간을 늘려 보기로 했다.

이런 활동이 자신의 힘을 발휘하고 동기 부여를 높이는 일이라는 사실을 확인했다. 하지만 친구가 근무하는 회사에서 영업 관리직은 매월 숫자 분석과 보고를 해야 했다. 다른 팀 멤버에게 지원을 부탁할 수 있는 상황도 아니라 잘하지 못하는 일에 시간을 들여야만 하는 상황이 지속됐다. 결국 친구는 자신만의 고유 능력을 발휘할 수 있는 직장으로 옮기기로 했다.

그 뒤 친구는 자신의 강점을 최대한 살릴 수 있는 환경을 발견했다. 같은 IT 분야 벤처 기업의 영업 매니저로 이직해 본인이 잘하던 영업 기술과 소통 능력을 발휘할 수 있게 되었다. 또한 숫자 관리에 뛰어난 팀 멤버의 지원도 받았다. 이 지원으로 친구가 잘하지 못하는 부분을 보완해 본래 강점을 최대한 발휘할 수 있게 되었다.

친구는 자기 고유 능력을 살려 일에서 만족감을 찾았고, 결과적으로 팀 멤버와 협업도 원활해졌다. 지금은 일에서 만족감과 기쁨을 느끼고 협업도 잘 진행되고 있다고 한다. 새로운 회사에서는 친구의 팀 멤버들 역시 각자의 잠재력을 최대한 끌어올려 일할 수 있는 환경에서 일하고 있다고 한다.

회사의 체계
개선이 필요하다

친구의 사례처럼 자기 고유 능력을 살릴 수 없는 직장이라면 고유 능력을 살릴 수 있는 직장으로 이직하는 것도 하나의 방법이다. 이직이 아니라도 현재 다니는 회사에서 자기 고유 능력을 발휘할 수 있는 부서로 이동하거나, 자기 고유 능력을 살릴 수 있는 일의 비율을 늘리거나, 자기 고유 능력이 아닌 일을 다른 직원에게 맡기거나, 외주를 주거나, 자동화하는 방법도 있다. 자기 고유 능력을 살려 창업이나 부업을 해 볼 수도 있다.

그런데 고유 능력을 살린 일을 할 수 없을 때는 어떻게 해야 할까? 대부분 회사와 조직이 팀 멤버들의 잠재력을 발휘할 수 있는 환경을 갖추고 있지 않다. 이 부분이 가장 큰 과제라고 생각한다.

여러 원인 중 하나는 본인이 정말 좋아하고, 잘하고, 사람들에게 도움이 되고, 돈을 벌 수 있다는 조건에 맞는 일에 특화할 수 있는 지원 체계가 부족하기 때문이다.

이 과제를 해결하기 위해서는 우선 각 팀 멤버는 자신의 고유 능력을 찾아야 하고 리더는 팀 멤버의 고유 능력을 특화할 수 있는 환경을 조성해야 한다.

회사나 조직의 리더는 팀 멤버를 잘 이해하고 그들의 열정이나 재능을 끌어내야 한다. 그들이 좋아하고, 잘하고, 사람들에게 도움이 되고, 돈을 벌 수 있는 일에 집중할 수 있도록 유연한 환경을 만들어 줘야 한다.

팀 멤버 각각의 고유 능력을 최대한 살려 동기 부여를 높이면 생산성이 향상되고 팀끼리 협업하면 조직 전체의 성과가 올라간다. 이렇게 큰 목표를 향해 나아가다 보면 결과적으로 10배 성과를 올릴 수 있다.

하고 싶지 않고
못하는 일을 줄이는 방법

앞에서 팀 멤버 전원이 좋아하고, 잘하고, 사람들에게 도움이 되고, 돈을 벌 수 있는 일을 하는 게 중요하다고 이야기했다.

이번에는 그 상태를 만드는 방법에 대해 이야기한다. 스트래터직 코치의 'ABC 모델' 바탕으로 설명한다. ABC 모델은 다음과 같이 매일 하는 일을 감정적인 측면에서 A, B, C로 나눈다.

- A: 짜증이 나서 하고 싶지 않은 일.
- B: 기꺼이 하고 싶지는 않지만, 하면 할 수 있는 일.
- C: 고유 능력을 살려서 보람과 열정을 갖고 가슴 설레며 하

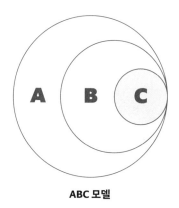

ABC 모델

는 일.

여기서 C가 100퍼센트인 것이 가장 이상적이다. 그렇지 않다면 일에 소비하는 시간 중 ABC의 비율을 파악하는 일부터 시작한다. ABC 비율을 파악하는 방법은 일주일 동안 평균 일하는 시간의 합계에서 ABC의 비율을 계산한다. 예를 들어 일주일 동안 평균 일하는 시간이 총 50시간이고 A 일을 35시간 한다면 A의 비율은 70퍼센트이다.

스트래터직 코치의 조사에 따르면 10× 엠비션 프로그램에 처음 참가한 사람들은 평균적으로 A가 70퍼센트, B 25퍼센트, C는 5퍼센트라고 한다. 나는 10× 엠비션 프로그램에 참가하기 전에는 A가 30퍼센트, B 50퍼센트, C 20퍼센트였다.

당신의 비율은 어떤가?

ABC 비율에서
가장 낮아야 하는 것

과거의 나처럼 A와 B의 비율이 높고 C가 가장 낮은 사람은 우울하다. 하지만 A와 B의 비율이 높으면 그만큼 개선해 성장할 기회가 있다는 뜻이다. 비율을 개선하기 위해 우선 A를 어떻게 줄일지 생각해 본다.

대부분 A는 기존 습관대로 계속한다. 굳이 하지 않아도 별 영향이 없는 일도 있다. 굳이 하지 않아도 되는 일이나 생산성이 낮은 일은 안 하는 쪽으로 검토한다.

반드시 누군가는 해야 하는 일이라면 그 일을 고유 능력으로 하는 사람에게 맡기거나 외주를 주거나 자동화하는 방법을 찾는다. 시스템이나 IT 도구, AI, 로봇 같은 기술을 이용해 A를 자동화할 수 있는지도 검토해 본다.

B는 좋아하지는 않지만 잘하는 일에 해당한다. 나는 판매 데이터 집계를 좋아하지는 않지만 잘한다. 잘하는 일을 계속할 수도 있지만 가슴 설레며 열정을 갖고 하는 일은 아니다. 따라서 이 일도 하지 않는 게 좋다.

우선 가능한 한 A는 하지 않도록 한다. 그다음으로 B는 그 일이 고유 능력인 사람에게 맡기거나, 외주를 주거나, 자동화하는 형태를 취해 점점 줄여 나간다. ABC 모델의 비율을 재검토하고 개선하는 과정은 90일마다 반복한다(자세한 내용은 '긍정적으로 생각하고 자신 있게 행동하라' 참조). 종이에 ABC의 비율을 써 놓고 그 비율을 개선하기 위한 아이디어와 그것을 실천하기 위한 구체적인 행동, 행동의 기한, 실천하면 얻을 수 있는 것들을 적어 본다.

ABC 비율을
개선하는 방법

ABC 모델을 실천하려면 앞에서 설명한 4C를 적용해야 한다. 가장 먼저 C에 주력하겠다는 결의를 하고 새로운 일의 방식에 용기를 갖고 도전한다. 그렇게 하면 A와 B를 줄이고 C에 주력할 수 있는 능력을 키워 결과적으로 자신감을 얻을 수 있다.

ABC 모델을 재점검하고 개선하는 일은 기존 사고방식을 바꾸는 것이기 때문에 불안하고 두렵지만 4C 순서에 따라 돌파구를 찾는다. 당신과 팀 멤버가 A와 B를 줄이고 고유 능력인 C에 주력하면 팀 전체의 에너지와 생산성이 극적으로 바뀐다.

10× 엠비션 프로그램에 참가했을 때 댄 설리번과 스트래터직 코치의 팀 멤버가 일하는 모습을 보면서 팀 멤버가 전원이 C에

주력하는 게 가장 이상적이라고 확신했다. ABC 모델의 관점에서 보면 아직도 대부분 회사나 조직의 팀 멤버가 A와 B에 많은 시간을 쏟고 있다.

내가 일하는 회사도 아직 개선할 부분이 많다. 팀 멤버 전원이 C에 주력할 수 있도록 노력하고 있다. 회사의 팀 멤버 중 C가 아닌 A나 B에 해당하는 일을 맡아 자기 고유 능력을 살리지 못하는 경우도 많았다.

이런 경험을 통해 일을 맡기는 리더는 팀 멤버의 고유 능력을 제대로 파악하는 게 중요하다는 사실을 깨달았다. 시행착오를 겪으면서 팀 멤버 전원이 보람과 열정을 갖고 일해 10배 성과를 낼 수 있도록 최선을 다하고 있다.

고유 능력에 맞게
일을 나누는 방법

ABC 모델의 비율을 개선하는 데 효과적인 방법의 하나가 각자 고유 능력에 맞춰 일을 나누는 것이다. 그렇다면 어떻게 고유 능력에 맞춰 일을 나눌 수 있을까? 고유 능력에 맞춰 일을 나누는 방법을 5단계로 설명한다.

- 1단계: 해당 일을 고유 능력으로 지닌 사람을 찾는다.
  ABC 모델 중 A나 B는 그 일이 고유 능력인 사람에게 맡긴다. 적절한 사람에게 일을 맡기는 게 중요한 포인트다.
- 2단계: 얻고 싶은 결과를 명확히 전달한다.

일을 맡길 사람을 정했다면 당신이 원하는 바를 명확히 전달한다.

- 3단계: 시간 축을 정한다.

일을 맡길 때는 현실적인 시간 축을 설정한다. 프로젝트를 완료하는 날을 결정한다.

- 4단계: 일의 권한을 정한다.

일을 맡길 팀 멤버에게 일에 대한 권한을 어디까지 줄 건지 명확하게 전달한다. 일을 맡기기 위해 새로운 팀원을 채용할 때는 포지션이나 목적, 내용, 책임, 권한, 요구되는 기술, 기능, 자격 따위를 명확하게 제시한다.

- 5단계: 진척 상황을 추적하고 지원한다.

정기적으로 일을 맡긴 팀 멤버와 보고 및 면담 시간을 갖고 프로젝트가 끝날 때까지 진척 상황을 추척, 분석한다. 이 과정을 거치면서 필요에 따라 조언과 지원을 아끼지 않는다.

고유 능력인 사람에게
일을 맡기면 생기는 결과

나는 좋아하지 않지만 잘하는 일인 판매 데이터 집계를 다른 팀 멤버에게 맡겼는데, 이때 다음과 같은 과정을 거쳤다.

첫 번째, 해당 일을 고유 능력으로 지닌 사람을 찾는다.

나에게 판매 데이터 집계는 ABC 모델 중 B에 해당하는, 기꺼이 하고 싶지는 않지만 하면 할 수 있는 일이었다. 판매 데이터 집계가 고유 능력인 사람은 누구인지 생각해 보니 영업 담당자 중 판매 데이터 집계를 좋아하고 잘하는 T가 떠올랐다. 과거 판매 데이터 집계를 담당한 적도 있어 나는 T에게 그 일을 맡기기로 했다.

두 번째, 원하는 결과를 명확히 전달한다.

영업 담당자 T와 개별적으로 이야기를 나누면서 판매 데이터 집계 내용을 공유하고 그 일을 전부 T에게 맡기기로 합의했다.

세 번째, 시간 축을 결정한다.

영업 담당자 T에게 판매 데이터 집계 업무를 완전히 맡기기 전에 3개월 동안 연수 기간을 갖기로 했다. 그동안 매월 열리는 영업 회의에서 발표할 판매 데이터 집계를 사전에 보고받았다.

네 번째, 일의 권한을 어디까지 줄 것인지 정한다.

영업 담당자 T에게 판매 데이터 집계를 위한 시스템 사용 권한을 주고, T의 컴퓨터에 판매 데이터 집계용 시스템을 설치해 줬다. T의 직무 기술서에는 판매 데이터 집계를 업무 내용으로 추가했다.

다섯 번째, 진척 상황을 추적하고 지원한다.

3개월 동안 매월 열리는 영업 회의 전에 진척 상황을 확인하기 위해 T와 개별 회의를 했다. 첫 번째 영업 회의 때는 T와 판매 데이터 집계 업무를 공동으로 했다.

T가 별문제 없이 일을 수행했기 때문에 두 번째 달에는 T가 주도적으로 일을 진행하고 나는 집계 결과만 확인해 수정한 뒤 수정 내용에 대한 조언을 해줬다. 마지막 달에는 집계 결과 확인만 하고 수정할 건 없었다.

이렇게 3개월에 걸쳐 판매 데이터 집계를 전부 T에게 맡겼다. 네 번째 영업 회의부터는 내가 사전에 집계 결과를 확인하지 않고 T가 영업 회의에서 발표했다.

T는 판매 데이터 집계 도구 활용이나 분석도 잘했기 때문에 나보다 짧은 시간에 일을 완수했다. 또한 영업 회의에서 내가 하지 못했던 분석 결과를 보여 줘 판매 활동을 효과적으로 개선하는 데 도움을 줬다.

영업 담당자 T가 판매 데이터 집계를 한 뒤부터 영업부 직원들 사이에서 정보 공유와 소통이 활발해졌다. 이는 훗날 T가 매니저로 승진할 때 긍정적으로 작용할 게 분명하다.

나는 판매 데이터 집계를 T에게 맡기고 나니 내 고유 능력에 특화된 경영에 더욱 주력할 수 있게 되었다.

멤버에게 일을 맡길 때 기억해야 할 것들

아래처럼 순차적으로 일을 맡긴다.

- 레벨 1: 일을 맡기기 전에 그 일을 조사, 평가, 보고한다.
- 레벨 2: 일단 일을 맡기고 정기적으로 보고를 받는다.
- 레벨 3: 전적으로 일을 맡기고 최종적인 보고만 받는다.
- 레벨 4: 모든 일을 맡기고 보고도 받지 않는다.

고유 능력에 맞춰 일을 나누는 방법 5단계를 통해 일을 맡길 사람을 정했다면, 그다음에는 일에 대한 권한을 레벨 1부터 순서대로 레벨 4까지 올려 준다. 효과적으로 일을 맡기려면 다음 포인트도 기억해 둔다.

- 레벨 1에서는 당신에게 중요도가 높은 일을 중심으로 정기 보고를 받는다. 그렇게 하면 일을 맡은 팀 멤버도 중요한 일

이라는 사실을 알게 되고 더욱 주의를 기울인다.

- 일을 맡은 사람이 당신의 마음을 읽고 일해 주기를 기대해서는 안 된다. 따라서 원하는 바를 명확히 밝히고 팀 멤버와 자주 소통한다.
- 사소한 일을 의뢰하는 데 죄책감을 갖지 않는다.
- 얼마나 많은 시간과 노력을 팀 멤버에게 투자하고 있는지 명확히 밝히고 당신의 기대치를 전달한다.
- 일을 해내는 데 소요되는 시간을 과소평가하지 않는다. 당신의 생각보다 시간이 더 걸릴 수도 있다.
- 팀 멤버가 필요로 하는 것을 지원해 준다. 그렇게 하면 당신의 시간과 노동이 줄어든다.
- 마이크로 매니지먼트를 하지 않는다(일일이 간섭하지 않는다).
- 당신의 고유 능력은 맡기지 않는다.
- 팀 멤버와 팀의 능력을 과소평가하지 않는다.
- 성급하게 굴지 않는다. 팀 멤버의 배움과 성장을 지원하고 지켜본다.

이 포인트를 잘 지키면서 고유 능력에 맞춰 팀 멤버에게 일을 맡기면 팀이 10배 성장할 수 있다. 그리고 팀 멤버가 각자 고유 능력에 특화된 일을 하면 팀의 생산성이 극적으로 높아질 뿐만 아니라 팀 전원이 일의 보람과 열정을 갖고 활기차게 주체적으로 일할 수 있다.

긍정적으로 생각하고
자신 있게 행동하라

ABC 모델로 업무를 재검토하고 개선하는 과정을 되돌아보며 일의 내용과 진척 상황을 검토하는 기간을 90일로 정한다. 큰 목표를 하루만에 달성할 수는 없지만, 너무 짧지도 길지도 않은 90일이란 시간은 진행 상황을 재점검하기에 적당한 기간이다.

90일 동안 목표 달성을 향해 어디까지 진행되었는지 확인하고 직면한 과제를 인식하여 그것을 극복하기 위한 방법을 검토할 수도 있다.

새로운 일에 도전할 때 90일 만에 극적인 변화를 얻을 수는 없으나 과정을 통해 뭐든 얻는 게 있다. 90일 동안 하나의 주제에 집중하면 성공이든 실패든 경험으로부터 뭐든 배우고 깨달을 수 있다.

내가 일하는 의료 분야 회사에서 90일 동안 검사 시스템 제품을 개선하는 프로젝트를 진행했다. 이 프로젝트에서 첫 30일은 고객의 목소리에 귀 기울이기 위해 시장 조사에 시간을 할애했다. 나머지 60일은 제품 개선에 주력했다. 90일 동안 한 주제에 몰입하면서 배운 것을 프로젝트에 반영해 기존에 없던 검사 시스템 제품을 개발하는 데 성공했다.

90일마다 돌아보며
자신감을 키워라

스트래터직 코치에서는 90일마다 지나온 과정을 되돌아보고 다음 도전 과제를 생각하면서 자신감을 높이는 긍정적인 힘 기르기 활동을 한다.

10× 엠비션 프로그램에서 90일마다 워크숍을 개최한 적이 있는데, 그때마다 긍정적인 힘 기르기 활동을 실시했다. 긍정적인 힘 기르기 활동에서는 한 장의 종이에 개인, 일, 팀 3가지 범주로 나누어 지난 90일을 돌아보면서 이룬 것들을 적어 내려간다.

이렇게 하면 자신과 팀이 지난 90일 동안 생각보다 많은 일을

	경험, 이룬 것	중요성	다음 활동
개인	· 가족과 저녁 식사를 거의 매일 함께하면서 즐겁게 지냈다.	· 아이들이 중학생이 되면서 함께 보내는 시간이 줄어들어 아쉬웠는데, 저녁 시간을 같이 보내며 아이들과 많은 대화를 나눴다.	· 쉬는 날에 가족과 온천 여행을 가서 쉬면서 단풍을 즐기고 싶다.
일	· 새로운 웹사이트를 만들고, 회사 브랜딩을 재구축했다.	· 재구축한 회사 브랜딩이 회사의 문화를 잘 나타냈다. · 고객이 회사 정보에 접근할 수 있는 새로운 경로가 되었다.	· 웹사이트에 블로그를 추가한다. 블로그에는 고객들의 고민을 해결해 주고, 가치를 느낄 말한 내용을 업데이트한다.
팀	· 중도 입사한 K에게 영업부 관리 일을 맡겼다. 그 결과, 영업부 실적이 40퍼센트 올랐다.	· 영업부 멤버 관리는 내 고유 능력이 아니다. 좋아하지도, 잘하지도 못하는 일에 시간을 쓰기보다 고유 능력인 마케팅 활동에 주력했다.	· 영업 관리는 K에게 맡기고, 이벤트 기획이나 광고, 콘텐츠 제작 같은 마케팅 활동에 주력한다.

긍정적인 힘 기르기 예시

경험하고 이뤘다는 사실을 깨달을 수 있다. 그다음에는 달성한 것 오른쪽 칸에 "왜 그게 중요한지(중요성)"를 적어 본다. 개인, 일, 팀에서 이룬 것들이 자신이나 가족, 팀에게 얼마나 중요한 일이었는지 재확인할 수 있다.

마지막으로 중요성을 적은 오른쪽 칸에 앞으로 90일 동안 더 도약하기 위해 할 수 있는 활동을 생각한 뒤 적어 본다. 새로운 도전을 위한 일을 적어 봐도 좋다. 지난 90일 동안 잘 안된 일에 대한 개선책을 적어 보는 것도 좋다. 총 9칸을 만들어 모든 칸을 채우면 끝난다.

이 긍정적인 힘 기르기 활동은 90일마다 진행한다. 자신과 팀이 경험하고 이룬 것이 많다는 사실을 깨닫고, 개인, 일, 팀 3가지 관점에서 진전이 있었다는 사실을 인식하면 자신감이 높아진다. 또한 다음 90일 동안 도전할 새로운 과제를 적다 보면 긍정적인 힘이 샘솟는다. 90일마다 긍정적인 힘 기르기 활동을 하면 앞으로 발전하고 있음을 자각할 수 있다.

긍정적 힘이 필요한 이유

10× 엠비션 프로그램의 모든 워크숍을 마치고 나서도 나는 긍정적인 힘 기르기를 계속 실천했다. 개인, 일, 팀 3가지 관점에서 지난 시간을 되돌아보면 다음 단계가 명확해지고 자신감이 올라가면서 긍정적인 에너지가 생겼다. 긍정적인 힘 기르기 활동을 90일마다 해보길 강력히 추천한다.

팀 멤버와 함께하는 게 좋다. 긍정적인 힘 기르기 활동을 할 때는 팀 멤버들이 좋아하고, 잘하고, 사람들에게 도움이 되고, 돈을 벌 수 있는 4가지 조건에 맞는 일을 하고 있는지도 확인해본다.

이 활동을 통해 일에 대한 보람을 느낄 수 있을 뿐만 아니라 90일 동안 일의 진척을 확인함과 동시에 목표를 향해 얼마나 나아가고 있는지 공유할 수 있다. 여러 차례 반복해서 이야기했지만 혼자서는 절대 10배 성과를 낼 수 없다.

10배 목표를 달성하기 위해 10배 목표를 세우고, 좋아하고, 잘하고, 사람들에게 도움이 되고, 돈을 벌 수 있는 4가지 조건으로 특화하고, 어떻게 할지보다 누구와 할지가 더 중요하며 팀을 만들어 시스템화하는 4단계를 거치는 과정에서 팀 멤버와의 협업은 불가피하다. 하지만 나 역시 지금까지 혼자서 모든 걸 해 오던 습관이 남아 있어 팀 멤버와의 협업이 쉽지만은 않았다.

오랫동안 몸에 밴 사고방식을 바꾸는 데도 긍정적인 힘 만들기 활동은 효과적이다. 긍정적인 힘 만들기 활동은 팀 멤버와의 협업을 재검토하는 계기가 된다. 정기적으로 긍정적인 힘 만들기 활동을 하면 팀 멤버와 유대감도 깊어지고 10배 목표를 달성하는 에너지 충전도 된다.

4장

10× 세 번째 단계

사람의 수를
늘려라

빨리 가는 방법을 두고
돌아서 가지 마라

10배 목표를 달성하는 속도를 극적으로 높일 방법이 있다. 어떻게 할지에서 누구와 할지로 사고방식을 바꾸는 것이다. 보통 어떤 과제를 시작할 때 어떻게 할지부터 생각한다. 자신이 좋아하지도 잘하지도 못하는 일을 할 때는 스스로 어떻게 할지를 생각하기보다 누구와 할지를 생각하는 게 낫다. 훨씬 빨리 양질의 결과를 낼 수 있다.

컴퓨터나 IT 관련 일을 좋아하지도, 잘하지도 못하는 사람에게 회사 웹사이트 제작을 맡기면 그 사람은 인터넷 검색부터 시작해서 관련 책을 읽고 공부하거나, 웹사이트 만들기 강의를 들으러 다닐 것이다. 하지만 이는 10× 관점에서 보면 최적화된 행동이 아니다. 이 방법으로 웹사이트를 완성했다 해도 들인 시간이나 노력에 비해 전문가가 제작한 것과 비교하면 질이 떨어질 수밖에 없다.

10×에서는 누구와 하는지를 중요하게 생각한다. 따라서 웹사이트 제작을 도와줄 사람을 가장 먼저 찾아야 한다. 웹사이트 제작이 고유 능력인 사람을 찾으면 본인이 만드는 것과는 비교가 되지 않을 정도로 빨리 목적에 맞는 양질의 웹사이트를 만들 수 있다.

웹사이트 제작을 도와줄 사람을 찾을 때는 프로 웹 디자이너에게 외주를 줄 수도 있고 사내 디자이너에게 의뢰할 수도 있다. 또 웹사이트 제작을 좋아하고 잘하는 동료나 친구에게 상담하는 등 다양한 선택지가 있다. 다방면으로 고려해 본인 대신 더 빨리 목표를 달성해 줄 사람을 찾아본다.

그다음에는 여러 후보 중에서 누가 가장 적합한지 좁혀 나간다. 웹사이트 제작에는 회사 내에서 정해진 예산이 있을 테니 그 예산의 범위 내에서 적합한 사람을 골라내는 것도 필요하다. 이러한 요소들을 모두 고려해 가장 효율성이 좋은 사람을 선택하면 된다.

자신감과 성취감을
잃는 가장 빠른 방법

　자신이 좋아하지도, 잘하지도 못하는 일을 하면 시간도 오래 걸리고 미루다가 결국 완성하지 못하는 경우가 많다. 앞에서 예로 든 웹사이트 제작은 내 이야기다. 처음에는 웹사이트 만드는 방법을 찾아보고 배워서 직접 만들려고 했는데 미루고 미루다 결국 완성하지 못했다. 또한 개인적으로 운영하는 코칭 사업의 유튜브 영상 편집도 어떻게 할지 고민하다 스스로 해 보려 했다.

　영상 편집 강의를 들으러 다니고 전용 도구를 구입하는 등 영상 편집에 돈을 썼지만 결국 프로 영상 편집자에게 맡기기로 했다. 그편이 훨씬 짧은 시간에 질 높은 영상을 만들 수 있다는 걸 뒤늦게 깨달았다. 돌이켜보면 스스로 어떻게 할지에 매몰되지 말고 처음부터 본인 대신 누가 이 목표를 달성해 줄 수 있을지 생각했다면 시간과 노력은 물론 돈도 아낄 수 있었다.

　자신감이란 목표를 달성할 수 있다는 자기 능력을 믿는 것이다. 하지만 자신이 좋아하지도, 잘하지도 못하는 일을 계속하다 보면 미루거나 미완성으로 끝내 버리는 경우가 허다하다. 이러면 목표 달성이 멀어지기 때문에 자신감도 잃는다. 일을 미루다 보면 행복감이 낮아지고 죄책감마저 들면서 우울증에 걸리는 등 정신 건강에 안 좋다는 연구 결과도 있다.

나는 웹사이트 제작과 영상 편집 같은 일을 겪으면서 이제는 일을 할 때 10×에서 배운 대로 어떻게 할지보다 누구와 할지를 먼저 생각한다. 실제로 누구와 할지를 먼저 생각하자 더 빨리 더 큰 목표를 달성할 수 있었다.

성과를 낼 수 있는
방법부터 생각하라

하루에 혼자서 작업할 수 있는 일의 양에는 한계가 있다. 특히 좋아하지도, 잘하지도 못하는 일을 할 때는 시간과 에너지 소모가 크다. 당신이 회사 웹사이트를 만드는 새로운 프로젝트를 맡게 되었다고 가정해 보자.

첫 번째 방법은 혼자서 모든 업무를 처리하는 것이다.

하지만 앞에서 이야기한 것처럼 이 일이 본인의 고유 능력이 아니라면 웹사이트 제작 방법을 배우는 건 최적화된 행동이 아니다. 시간이 많이 소요될 뿐만 아니라 결과적으로 좋은 웹사이트를 만들 수도 없기 때문이다.

두 번째 방법은 혼자서 모든 일을 하지 않고 웹사이트 제작이 고유 능력인 사람에게 의뢰하는 것이다.

그러면 혼자서 하는 것보다 더 빨리, 더 멋진 웹사이트를 만들 수 있다.

2가지 방법 중 어느 쪽이 시간 대비, 비용 대비 더 효율적일까?

어떻게 할지 대신 누구와 할지로 생각을 바꾸면 자기 고유 능력이 아닌 일에 쏟아붓는 시간을 얼마나 절약할 수 있는지 수치화해 본다.

예를 들어 혼자서 웹사이트를 만드는 경우, 조사하고 배우는 시간까지 포함해 총 200시간이 걸린다고 하자. 하지만 웹 디자이너에게 똑같은 일을 맡기면 총 20시간 안에 만들 수 있다.

어떻게 할지를 누구와 할지로 바꾸면 10분의 1로 시간을 단축할 수 있고 더 좋은 결과물을 낼 수 있는 셈이다. 그리고 절약한 180시간을 자기 고유 능력에 사용하면 더 큰 이익을 낼 수 있다.

나는 내 고유 능력도 아닌 웹사이트 제작과 영상 편집을 혼자서 해 보겠다며 악전고투를 벌였다. 하지만 그렇게 하기 전에 다른 사람에게 맡겼을 경우의 시간을 수치로 비교해 봤다면 틀림없이 다른 사람에게 맡겼을 것이다.

자기 고유 능력이 아닌 일을 할 때는 그 일을 하려면 시간이 얼마나 걸리는지, 다른 사람에게 맡기면 시간을 얼마나 절약할

수 있는지 계산부터 해 보길 바란다. 그다음에는 절약한 시간
을 고유 능력에 주력하면 얼마나 이익을 높일 수 있는지도 따
져 본다.

성공 앞에서 마주한 벽을
혼자 깨겠다는 생각은 고집이다

혼자서 오랜 시간 일해도 생각한 것만큼 성과가 나오지 않는다면 거기에는 아주 단단한 벽이 버티고 있다고 생각하면 된다. 그 벽을 뛰어넘기 위해서는 패러다임 전환(그 시대에 당연하다고 생각해 온 가치관 등이 극적으로 변하는 것)이 필요하다.

벽을 뛰어넘기 전 단계를 패러다임 1이라고 하면 패러다임 1은 '혼자서 목표를 달성할 수 있다', '다른 사람의 도움은 필요 없다'고 생각하는 상태다. 물론 혼자서 할 수 있는 능력은 중요하다. 하지만 모든 일을 남에게 맡기지 않고 혼자서 하는 건 불가능하다. 나는 이것을 '고집스러운 개인주의'라고 부른다.

패러다임 1의 고집스러운 개인주의 사고방식을 고집하다 보면 자기 능력 범위 안에서만 아웃풋이 가능하다. 패러다임 2는 어떻게 할지보다 누구와 할지를 더 중요하게 생각하고, 자신이 좋아하지도, 잘하지도 못하는 일은 그 일이 고유 능력인 사람에게 맡기는 사고방식이다.

혼자 할 것인가
함께할 것인가

1인 사업가들의 연 매출을 살펴보면 1,000만 엔에서 3,000만 엔 사이에서 더 이상 오르지 않는다. 패러다임 1의 고집스러운 개인주의 사고방식을 고집하면 더 오래, 더 열심히 일해도 연 매출 3,000만 엔 이상을 달성할 수 없다. 하지만 어떻게 할지보다 누구와 할지를 더 중요하게 생각하고, 혼자가 아닌 고유 능력을 활용한 팀을 꾸려 일하면 이전보다 더 짧은 시간에 연 매출 3,000만 엔을 넘길 수 있다.

자신이 좋아하지도, 잘하지도 못하는 일은 그 일을 고유 능력으로 지닌 사람에게 맡기고, 거기에서 창출된 시간을 자기 고유 능력을 활용할 수 있는 일에 주력하면 가능한 일의 한계치가 극적으로 올라간다.

게다가 좋아하고 잘하는 일을 열정을 갖고 계속하다 보면 실력도 점점 더 늘어 자기 고유 능력을 높일 수 있다. 고유 능력을 활용한 일에 주력하면 매일매일 자신이 좋아하고 잘하는 일을 할 수 있기 때문에 일하는 과정도 즐길 수 있다.

좋아하지도, 잘하지도 못하는 일을 혼자서 억지로 하면서 목표를 달성하는 길과 좋아하고 잘하는 일에 주력하면서 팀과 함께 목표를 달성하는 길 중 어느 쪽을 택할 건가? 목표를 달성하기 위해 좋아하지도, 잘하지도 못하는 일을 하면서 스트레스가 쌓이는 나날을 보내기보다 과정을 즐기는 쪽이 동기 부여 면에서도 좋다.

멤버에게 일을
맡기면 생기는 변화

어떻게 할지를 누구와 할지로 전환하면 지금까지 보이지 않았던 세계가 보인다. 팀 멤버에게 일을 맡겨서 절약한 시간을 본인의 고유 능력에 쓰면 더욱 큰 성과를 낼 수 있다. 또한 그 시간을 일이 아닌 소중한 사람과 보내는 시간으로 쓸 수도 있다. 즉 절약한 시간에 비즈니스를 확대할 수도 있고 개인 시간을 보낼 수도 있는 선택지가 생긴다.

혼자가 아닌 팀으로 일을 하면 시간과 에너지를 절약할 수도 있다. 절약해서 생겨난 시간과 에너지를 자기 성장이나 휴식으로 채울 수 있다. 자기 성장을 위한 배움으로 새로운 기술이나 지식을 습득하고, 자기 고유 능력을 연마해 비즈니스에 활용할 수도 있다.

'몸이 자본'이라는 말처럼 건강은 매우 중요하다. 적절한 휴식 건강도 지킬 뿐 아니라 비즈니스에서 성과를 내기 위해 필요한 집중력과 지속력도 높아진다. 그뿐만 아니라 충분한 휴식을 취하면 창조성이 높아져 더욱 유연하고 효과적인 의사 결정을 내릴 수 있다.

인생에서 우리가 사용할 수 있는 시간은 한정적이다. 좋아하지도, 잘하지도 못하는 일을 열심히 하느라 소중한 시간을 낭비하지 말자. 자신이 좋아하지도, 잘하지도 못하는 일을 다른 팀 멤버에게 맡기면 시간을 절약할 수 있다. 그렇게 하면 마음도 편해지고, 정말 하고 싶은 10배 목표 달성을 위해 시간을 쓸 수 있다.

크게 성공하는
리더들의 마음 자세

"다른 사람에게 일을 맡기는 건 성장과 성공의 열쇠다."

댄 설리번은 이렇게 말했다.

경영자나 기업가, 프로젝트 리더 같은 역할을 맡아 책임감이 강한 사람일수록 모든 일을 혼자서 해결하려는 경향이 있다. 하지만 10배 성과를 내기 위해서는 두려워하지 말고 다른 사람에게 일을 맡겨야 한다. 앞에서 말한 것처럼 성과를 최대화하려면 고유 능력에 집중하고, 고유 능력이 아닌 일은 그 일을 고유 능력으로 하는 다른 사람에게 의뢰하는 패러다임 전환이 필요하다.

10×는 더 오래 일해서 성과를 내는 기존의 사고방식이 아닌 자기 능력과 시간의 제약을 뛰어넘어 10배 성과를 추구한다. 그리고 그것을 실현하기 위해서는 자기 능력에만 의지하지 않고 다른 사람의 고유 능력을 활용한다. 누구에게 일을 맡길지에 초점을 맞춘다.

리더로서 큰 목표를 달성하려면 전문적인 능력이나 지식, 경험을 가진 사람에게 일을 맡겨야 한다. 예를 들어 프로젝트 리더로서 팀 멤버를 신뢰하지 않고 일일이 간섭하면서 모든 것을 제어하면 팀 멤버의 주체성과 고유 능력을 발휘할 기회를 막는 셈이다.

간섭보다
믿음이 필요하다

조금 부끄럽지만 과거에 나는 팀 멤버의 일에 일일이 간섭했다. 내 방식대로 프로젝트를 진행하기 위해 팀 멤버가 제안한 아이디어나 방법을 모조리 무시하고 내 지시대로 진행하게끔 했다. 그리고 내가 생각한 방식과 계획대로 진행되고 있는지 확인하기 위해 팀 멤버에게 순차적으로 보고하라고 했다.

그 결과 프로젝트는 계획대로 완료했지만 팀 멤버들의 사기가 떨어지고, 주체적이고 창의적인 아이디어가 전혀 나오지 않았다. 게다가 나도 일일이 관여하느라 많은 시간과 에너지를 낭비했다. 지금 돌아보면 결코 좋은 리더가 아니었다. 이 점은 깊이 반성하고 있다.

큰 목표를 달성하기 위해 프로젝트의 성공 확률을 높이려면 혼자서 모든 업무를 담당하거나 일일이 간섭하지 않고 고유 능력을 바탕으로 신뢰하는 팀 멤버나 전문가에게 일을 맡기는 편이 효과적이다. 10배 변혁을 가져오는 프로젝트 리더의 역할은 비전을 제시하고 팀 멤버에게 적절한 일을 맡기는 것이다.

다른 사람에게 일을 맡기는 것은 착취가 아니다. 다른 사람에게 일을 맡기는 건 그 사람이 성장하고 실적을 쌓을 기회를 제공하는 것이다. 남에게 일을 맡길 때는 진심으로 상대방의 성장을 바라는 마음이 있어야 한다.

잠깐의 성공이 아닌
장기적인 성공을 생각하라

다른 사람에게 일을 맡길 때는 용기가 필요하다. 특히 지금까지 해 오던 일을 맡길 때는 다들 어려워한다. 하지만 10배 성과를 내기 위해서는 자기 능력과 경험만 고집하지 않고 팀 멤버를 신뢰하고 협력해야 한다. 자신의 한계를 인정하고 신뢰할 수 있는 팀 멤버나 전문가에게 일을 맡기면 조직 전체의 업무의 질이 향상되고 비약적인 성과를 낼 수 있다.

다른 사람에게 일을 맡기지 못하는 사람들은 '내가 하는 게 더 빠르다', '내가 더 잘한다'고 생각하는 경향이 있다. 물론 본인이 빨리해서 더 빨리 결과를 낼 수도 있다. 다른 사람에게 일을 맡길 때 인수인계하는 수고도 덜 수 있고 실패할 위험도 피할 수 있다.

하지만 정말 중요한 건 단기적인 스피드가 아니라 장기적인 비즈니스의 성공이다. 혼자서 모든 것을 다 하면 팀 멤버의 성공 기회를 뺏을 수도 있다. 다른 사람에게 일을 맡기면 일을 맡긴 본인도 일을 맡은 팀 멤버도 각자의 고유 능력에 집중해 조직 전체의 힘을 최대한으로 끌어올릴 수 있다.

또한 돈을 절약한다는 측면에서 인재 채용을 꺼리고 외주를 주지 못하는 경우도 적지 않다. 비용 관리는 중요한 요소이지만 단순히 돈을 덜 쓴다고 성공할 수 있을까? 돈을 쓰면서 인재를 채용하거나 외주를 주면 더 높은 품질과 효율성을 확보하고 조직 전체의 경쟁력을 향상할 수 있다.

10배 성과를 내는 변혁을 불러일으킬 리더라면 본인의 아이디어를 고집하지 말아야 한다. 팀 멤버의 아이디어나 피드백을 받아들이고 고유 능력을 활용한 팀 멤버의 창조력을 발휘시킨다면 혼자서는 할 수 없었던 상상 이상의 성과를 낼 것이다.

댄 설리번도 "이전에는 아이디어를 공유하거나 다른 사람의 피드백을 잘 받아들이지 못했다"라고 고백했다. 하지만 용기를 갖고 아이디어를 공유하며 다른 사람의 아이디어와 피드백을 받아들이자 혼자서는 달성할 수 없었던 큰 성과를 낼 수 있었다고 한다.

당신에게 없는 성공의 열쇠가
다른 사람에게 있을 수 있다

용기를 갖고 다른 사람에게 일을 맡긴 것이 변혁의 계기가 되었다. 나는 의료 분야에서 새로운 시장에 진입하기 위한 프로젝트를 진행하던 중 프로젝트 리더가 되었고, 6명의 팀 멤버를 이끌게 되었다.

이 프로젝트에 성공하면 시장을 확대할 좋은 기회였지만 그와 동시에 새로운 시장에 진입하기 위한 투자가 필요했고 실패할 위험도 컸다. 처음에는 나를 포함한 윗선에서 프로젝트의 세세한 부분까지 깊이 관여하며 방침과 전략을 지시했다. 하지만 일이 진행됨에 따라 내 능력과 경험으로 모든 것을 관리하기 어렵다고 판단하고 팀 멤버 각각의 고유 능력을 최대한 살리는 쪽으로 생각을 바꿨다.

그 이후 특정 업무와 책임을 팀 멤버들에게 맡겼다. 시장 조사와 경합 분석은 그 일을 전문으로 하는 팀 멤버에게 맡기고, 상품 전략 책정은 제품 개발에 능한 사람에게 리더를 맡겼다. 결과적으로 나 혼자서는 생각지도 못했던 아이디어가 여기저기서 튀어나왔다. 그리고 신속하고 정확한 의사 결정이 가능해졌다.

처음에는 "모든 걸 직접 관리해야 한다"라는 생각이 있었다. 하지만 현실은 정반대였다. 팀 멤버들이 각자의 전문 분야에서 리더십을 발휘하며 자발적으로 아이디어를 내고 일을 진행하는 방법이 새로운 시장을 개척하는 성공의 열쇠였다.

타인에게 일을 맡기면 당신의 역할도 바뀐다

다른 사람에게 일을 맡기면 팀에서 자신의 역할도 달라진다. 처음에는 지시를 내리는 일이 많았지만, 팀 멤버들에게 일을 맡기고 난 뒤로는 팀 멤버와 협력해 목표를 달성하기 위한 전략을 짜는 데 더 많은 시간을 할애했다. 유연성 있는 조직 문화를 개척하는 데 많은 도움이 되었다.

결국 우리는 새로운 시장 진입에 성공했고 목표한 매출을 달성했다. 팀 멤버 개개인이 힘을 발휘할 수 있는 환경을 조성하고 남에게 일을 맡기는 용기를 냈기에 얻은 결과였다.

모든 일에 관여하고 참견하는 스타일이 여전히 편한 사람이 많을 것이다. 물론 기존에 해 오던 간섭을 내려놓고 다른 사람에게 일을 맡기는 건 용기가 필요하다. 다른 사람에게 일을 맡긴다는 건 말로는 쉽지만, 행동에 옮기기는 쉽지 않다. 그 과정에서 갈등이 생길 수도 있다.

이러한 상황에서 10배 변혁을 불러일으킬 리더라면 '잘되면 팀 멤버의 공이고 잘 안되면 자신의 책임'이라는 마음가짐을 가지고 사람을 대해야 한다.

이 과정에서 10배 변혁을 불러일으킬 리더라면 팀 멤버의 실패나 부족한 부분도 받아들이고 그 책임은 전부 자신이 질 각오를 해야 한다. 이렇게 다른 사람에게 일을 맡기고 팀 전체의 능력을 최대한으로 끌어올리면 팀은 서로 협력하고 보완하면서 큰 목표를 이룰 수 있다.

10×에서는 어떻게 할지보다 누구와 할지를 더 중요하게 생각하고 자신이 좋아하지도, 잘하지도 못하는 일은 그 일을 고유 능력으로 하는 사람에게 맡기라고 설명한다. 하지만 "그럼 좋아하지도, 잘하지도 못하는 일을 남에게 억지로 떠넘기라는 건가요?"라고 생각하는 사람도 있을 수 있다. "내가 싫어하고, 못하

는 일은 다른 사람도 하기 싫어한다. 내가 하기 싫은 일을 남에게 떠넘기기 위한 변명 아닌가요?"라는 의견도 있을 수 있다.

다른 사람에게 일을 맡긴다는 건 좋아하지도, 잘하지도 못하는 일을 남에게 강요하는 게 아니다. 본인이 좋아하지 않고 잘하지도 못하는 일을 좋아하고 잘하는 사람에게 맡기는 것이다.

더 오래 일해서 성과를 내는 게 아니다. 새로운 방식으로 10배 성과를 내려면 자기 고유 능력을 살린 일을 택하고 다른 사람들과 협력하는 사고방식으로 전환해야 한다.

왜 다른 사람에게 일을 맡겨야 성공할 수 있는 걸까? 다른 사람에게는 자신에게는 없는 기술과 지식, 경험이 있고 그것을 활용할 수 있기 때문이다.

누구와 할지는
양방향으로 작용한다

스트래터직 코치의 10× 엠비션 프로그램 수강 중 인상적인 에피소드가 있었다. 댄 설리번이 강의 중 고유 능력을 기반으로 다른 사람에게 일을 맡겨야 한다고 이야기하다가 스트래터직 코치 스태프 중 한 여성을 사람들 앞으로 불러냈다.

그는 자기소개를 하면서 본인의 고유 능력은 문서와 정보를 정리하는 일이라고 열정적으로 말했다. 그 뒤, 댄 설리번이 수강생들에게 "이분의 도움이 필요한 사람은 손을 들어 주세요"라고 하자 나를 포함해 그 자리에 있던 모든 사람이 손을 들었다. 기업가를 비롯해 그 자리에 모인 수강생들은 행동력이 뛰어나고 말은 잘하지만, 문서를 쓰거나 정보를 정리하는 일에는 서투른 사람이 많았다.

다른 사람에게 일을 맡기면 자신의 시간과 자원을 최대화할 수 있다. 시간은 한정되어 있으니 잘하지 못하는 일은 그 일을 잘하는 사람에게 맡기고, 자신이 잘하는 일에 집중하면 생산성이 높아진다. 그렇게 하면 더 많은 성과를 내고 비즈니스나 프로젝트의 성장을 촉진할 수 있다.

다른 사람에게 일을 맡기는 건 단순히 업무 효율을 높일 뿐만 아니라 인간관계의 측면에서도 중요하다. 팀 멤버는 비전을 실현하면서 서로 협력하고 도와주며 유대감을 돈독히 쌓아 간다. 신뢰와 존경을 바탕으로 심리적 안전성이 높은 관계를 만들면 팀 전체의 동기 부여와 창조성이 높아지면서 더 큰 성과를 낼 수 있다.

고유 능력을 활용하면서 10배 성과를 달성하기 위해서는 다른 사람에게 일을 맡길 뿐만 아니라 자기 자신도 다른 사람의 일을 맡아 줄 '누군가'가 되어야 한다. 팀 멤버의 조력자나 협력자가 되어 팀의 일원으로 공헌해야 한다. 누구와 할지는 양방향으로 작용한다. 본인의 일을 다른 사람에게 맡기기도 하고, 다른 사람의 일을 맡아 주기도 해야 한다.

다른 사람에게 일을 맡기는 건 단순한 업무 분담이 아니라 성공을 촉진하기 위한 전략이다. 팀 멤버가 당신을 지지하고 당신 역시 팀 멤버를 지지해야 한다. 팀 멤버와 협력하고 신뢰와 존경을 바탕으로 하는 유대 관계를 구축하면 더 큰 성과를 달성할 수 있다.

크게 성공하는 리더십의
핵심은 명확한 비전이다

10배 목표 달성을 위한 리더십을 갖추려면 비전이 명확해야 한다. 리더가 자신의 비전을 명확히 갖고 그것을 팀이나 조직에 전하면 팀 멤버는 공통된 비전을 위해 일할 수 있다.

10×의 사고방식으로 기존보다 더 대담한 비전이나 목표를 내걸고 자신과 팀의 능력을 최대한으로 끌어올린다. 그렇게 하면 큰 성과로 이어진다. 비전이 분명해지면 원하는 인물상도 구체화된다.

그러면 인재 채용 시 비전에 공감하고 목표 달성을 향해 함께 일할 의욕이 있는 사람을 쉽게 찾을 수 있다. 비전이 명확하면 자신이 원하는 고유 능력을 지닌 인재를 빨리 찾을 수 있다.

임팩트 필터란
무엇인가

댄 설리번이 개발한 '임팩트 필터'는 비전을 명확히 하는 데 도움이 된다. 임팩트 필터는 영향력을 필터링한다는 뜻으로, 비전을 실현하기 위해 필요한 요소를 찾아 그것에 근거해 행동하기 위한 프레임 워크다. 이 프레임 워크를 통해 리더는 비전을 실현하기 위한 목적이나 중요성, 성공의 기준 따위를 정의하고 팀에 공유할 수 있다.

임팩트 필터는 다음과 같은 질문으로 구성되어 있다.

- 프로젝트: 프로젝트는 무엇인가?
- 목적: 무엇을 달성하고 싶은가? 동기가 무엇인가?
- 중요성: 이것은 어떤 차이를 가져올 것인가? 그것이 왜 중요한가?
- 이상적인 성과: 완료한 프로젝트는 어떤 모습인가? 결과적으로 무엇을 얻을 수 있는가?
- 최선의 결과: 행동으로 옮겼을 때 무엇이 가능한가?

- 최악의 결과: 행동으로 옮기지 않았을 때 어떤 위험이 있는가?
- 성공의 기준: 구체적으로 어떤 결과가 나오면 이 프로젝트가 성공했다고 할 수 있는가?

임팩트 필터의 질문에 대답하다 보면 자신의 비전이 명확해지고 그 목적과 중요성, 이상적인 성과 따위도 정리가 되어 다른 사람에게 공유할 수 있다. 또한 임팩트 필터에는 최선의 결과와 최악의 결과를 적어 넣는 칸이 있다. 이 프로젝트를 행동으로 옮기면 무엇이 가능한지, 행동으로 옮기지 않으면 어떤 위험이 있는지를 동시에 파악할 수 있다.

최선과 최악의 결과를 생각해 보면 장점뿐만 아니라 단점도 알 수 있어 '손실 회피 바이어스'를 파악할 수 있다. 손실 회피 바이어스란 이익을 봤을 때의 기쁨과 손실을 봤을 때의 슬픔을 비교해 보면 후자가 2배 이상 더 크게 느껴지는 인간의 심리적 특징을 말한다.

"행동으로 옮기지 않았을 때 어떤 위험이 있는가?"라는 질문은 사람을 움직이는 강한 원동력이다. 이러한 과정을 거쳐서 "어떤 결과가 나오면 이 프로젝트가 성공했다고 할 수 있는가?"를 수치나 기한으로 분명히 표시하면 팀 멤버와 목표를 맞춰 나갈 수 있다.

1. 프로젝트				
목적	무엇을 달성하고 싶은가? 동기가 무엇인가?	성공의 기준	구체적으로 어떤 결과가 나오면 이 프로젝트가 성공했다고 할 수 있는가?	
		1		
		2		
중요성	이것은 어떤 차이를 가져올 것인가? 그것은 왜 중요한가?	3		
		4		
		5		
이상적인 성과	완료된 프로젝트는 어떤 모습인가?	6		
		7		
		8		
2. 설득				
최선의 결과	행동으로 옮겼을 때 무엇이 가능한가?			
최악의 결과	행동으로 옮기지 않았을 때 어떤 위험이 있는가?			

성명: 날짜:

임팩트 필터 예시

30분 투자로
30일을 절약한다

임팩트 필터는 한 장으로 정리해 팀 멤버에게 공유한다. 리더의 비전을 개별적으로 구두로 전하려면 같은 내용을 한 사람 한 사람에게 설명하고 이해를 구해야 한다. 이는 쉽지 않고 시간도 오래 걸린다. 하지만 임팩트 필터를 한 장에 정리해 전달하면 짧은 시간에 자신의 비전을 팀 멤버에게 공유할 수 있다.

댄 설리번은 "임팩트 필터를 작성하는 데 30분이 걸렸다. 이로써 30일을 절약한 셈이다"라고 말했다. 그는 임팩트 필터를 사용하기 전에는 생각을 명확히 정리하지 않은 채 팀 멤버 한 명한 명에게 자신의 비전을 설명했다고 한다.

하지만 설명도 제대로 되지 않았고 설명을 들은 팀 멤버들도 자신이 한 말을 제각각으로 해석했다. 결국 팀 멤버들이 자신의 비전에 대한 공통된 인식을 가질 수 없었다고 말했다.

나도 임팩트 필터를 사용하기 전에는 새로운 프로젝트를 시작할 때마다 팀 멤버에게 개별적으로 프로젝트의 방향성을 설명했다. 프로젝트의 목적이나 성공의 기준을 명확하게 설명하지 못한 경우도 있어, 팀 멤버들에게 공통된 인식을 심어 주지 못해 고생했다.

임팩트 필터를 활용한 뒤로는 30분 동안 스스로 질문에 답하면서 나의 비전을 명확히 할 수 있게 되었다. 그리고 팀 멤버에게도 프로젝트의 비전이나 중요성, 성공의 기준을 한 번에 공유할 수 있게 되었고 업무 효율성이 높아진 건 말할 것도 없다.

큰 미래를 그려 낼 수 있는
사람을 절대 놓치지 마라

임팩트 필터를 통해 자신의 비전이 명확해졌다면 '어떻게 달성할지'가 아니라 '이 비전을 실현하는 데 도움을 줄 사람이 누구인지'를 찾아본다.

만약 사람을 찾는 일을 좋아하지도, 잘하지도 못한다면 그 일을 대신해 줄 사람을 찾는다. 그럴 만한 사람이 없다면 인재 채용을 하거나 외주를 주거나 혹은 구인을 좋아하고 잘하는 팀 멤버를 모집한다.

그러면 비즈니스 성과를 최대화하는 데 가장 퍼포먼스가 좋은 사람을 찾기 위해 어떤 요소들을 검토해야 할까?

적합한 사람을 찾을 때
고려해야 할 요소들

첫 번째, '누구'를 선택할지에 대해 생각한다.

뛰어난 퍼포먼스를 발휘할 인재와 함께 일하고 싶다면 단순히 기술과 경험만 살펴봐서는 안 된다. 가치관이나 동기 부여가 일치하는 것도 중요하다. 당신의 비전이나 목표에 공감하고 팀 전체의 방향성에 공헌할 수 있는 인재를 선택해야 한다.

이때도 임팩트 필터를 공유하면 상대방이 당신의 비전이나 목표에 공감하는지를 확인할 수 있다. 만약 당신과 상대의 비전이 일치하지 않는다면 무리해서 함께할 필요는 없다. 임팩트 필터는 말 그대로 함께할 상대를 판별하는 필터 역할을 한다.

두 번째, '어느 영역에서' 그 인재를 활용할지 생각한다.

적절한 포지션에 인재를 배치하면 최고의 성과를 낼 수 있다. 각자의 기술과 전문 지식을 고려해 그에 맞는 역할을 맡긴다.

세 번째, '비용'을 검토한다.

뛰어난 인재에게는 그에 맞는 보수와 인센티브를 제공해야 한다. 적절한 보수 체계를 갖추면 인재의 동기 부여와 충성심이 높아진다.

네 번째, '비즈니스에 어떤 영향이 미칠지'도 중요하다.

인재를 선택할 때는 그 인재가 비즈니스에 어떤 가치를 가져오고, 어떤 성과를 창출할 수 있는지를 고려한다. 그 사람의 능력과 경험이 비즈니스의 성장과 경쟁력 향상에 기여할 수 있는지 판별한다.

다섯 번째, '그 외 어떤 영향을 미칠지'를 검토한다.

한 사람이 팀이나 조직에 미치는 영향은 절대 작다고 할 수 없다. 그 사람이 팀 멤버의 협력 체제에 어떤 영향을 줄지를 고려한다.

일을 맡길 사람이 반드시 전문가일 필요는 없다. 가령 경험이 적은 신입 사원이라도 그 일을 잘하고 열정이 있다면 그 신입 사원과 조직의 성장을 위해 맡겨도 괜찮다. 그 신입 사원이 새로운 아이디어로 좋은 결과를 낼 수도 있다.

앞에서 설명한 요소들을 검토해 보면 가장 퍼포먼스가 높은 사람을 찾을 수 있다. 여기서 선택하는 사람은 현시점에서 가장 효과가 높은 인재다. 왜냐하면 당신의 고유 능력이나 영향력이 높아지면 당신이 만나고 접근할 수 있는 사람의 레벨도 달라지기 때문이다. 비용을 얼마나 투자할 수 있는지도 달라진다.

적합한 사람을 찾는
결정적 질문

임팩트 필터를 공유해서 이 비전을 실현하는 데 도움을 줄 사람을 찾을 때 그 사람을 판별할 수 있는 결정적인 질문이 있다.

"3년 뒤에 나와 함께 지난 3년을 되돌아봤을 때, 자신의 성장에 대해 행복하다고 느낀다면, 개인적으로든 일로든 당신의 인생에는 어떤 일이 일어났나요?"

이는 상대방과의 미래 관계성을 확인하는 질문이다. 이 질문을 하면 상대방이 미래를 고려할 때 무엇을 중요하게 생각하는지 알수 있다. 만약 상대의 대답을 듣고 앞으로 함께 관계를 쌓아 가고 싶은 기분이 든다면 바로 당신의 비전을 실현하는 데 도와줄 수 있는 사람이다.

실제 지금 내가 관여하는 사업에서 함께 일하는 사람들에게이 질문을 던졌을 때 그들은 "(나와) 함께 일을 해서 개인적으로도 일로도 성장할 수 있어 행복했고 더 큰 미래를 실현하고 싶다"라고 대답했다.

당신의 비전을 실현하는 데 도움을 줄 사람을 찾는 과정에서 일부는 과거와 같은 미래를 실현하고 싶다고 생각하는 사람들도 있을 것이다. 반면에 과거와 달리 비전의 실행하여 더 큰 미래를 실현하고 싶어 하는 사람도 있다. 함께 더 큰 미래를 실현하고 싶어 하는 사람과 미래의 가치를 만들어 나가길 바란다. 이런 사람을 발견했을 때 당신은 그 사람이 원하는 누군가가 되는 셈이다.

5장

10× 네 번째 단계

시스템을
확장하라

성공을 위한 싸움은
자신과의 싸움뿐이다

　현재 나는 10배 이상의 성과를 내면서 자유 시간을 갖게 되었다. 하지만 10×의 사고방식을 알기 전에는 앞에서도 이야기했지만 매일 아침 일찍부터 밤늦게까지 일만 하고 평일에는 가족들 얼굴 보기도 힘들었다. 주말에도 일하는 날이 이어지자 점점 몸도 마음도 피폐해져 쉬는 날에는 우울한 상태로 침대에 누워만 지냈다.

　부끄럽지만 쉬는 날 주로 무엇을 했는지 고백하자면 대부분 침대에 누워 스마트폰으로 만화를 봤다. 월요일에 출근하면 또 엄청난 일들이 기다리고 있다는 사실을 잊고 싶어 현실 도피한 셈이다. 특히 〈원피스〉나 〈킹덤〉 같은 만화를 주로 봤다.

당시 많은 일을 떠맡았고 모든 일에 책임을 져야 한다는 압박이 심했다. 그래서인지 만화 속 주인공이 친구들과 개성을 살리며 활약하는 모습을 보면서 '나도 언제가 이런 친구들을 만나고 싶다'며 부러워했다. 침대에 누워 만화를 볼 때는 아직 10×를 모르던 시절이었지만 지금 되돌아보니 이 두 만화는 10×와 공통점이 있다.

만화에서 찾은
10×의 이론

〈원피스〉의 주인공 루피는 "나는 해적왕이 될 거야!", 〈킹덤〉 주인공 신은 "내가 천하의 대장군이 될 남자다"라는 장대한 비전을 꿈꾸며 선언한다. 10×에서 '제일 먼저 큰 목표를 정한다'는 부분과 공통된다.

루피와 신이 큰 비전을 갖고 도전을 멈추지 않는 모습은 10×에서 기존의 목표보다 10배 큰 목표를 세우고 도전하는 것과 같다. 그리고 각자의 고유 능력을 살린 친구들과 팀으로 활동해 혼자서는 절대 이룰 수 없는 큰 성과를 낸다.

루피가 만약 혼자 탐험을 떠났다면 결코 해적왕이 될 생각을 하지 못했을 것이다. 루피는 처음부터 해적왕이 되겠다고 선언하고 그 비전에 공감하는, 해적왕이라는 목적을 달성하는 데 도움을 줄 친구를 만든다. 이건 〈킹덤〉의 신도 마찬가지다.

두 작품 속 인물도 어떻게 할지보다 누구와 할지를 고민했던 것 같다. 작품 속 인물들은 자신이 좋아하지도, 잘하지도 못하는 일은 그것을 좋아하고 잘하는 사람에게 맡겼다. 〈원피스〉에서 루피는 본인이 요리를 잘하지 못하는 걸 알고 요리는 요리사인 산지에게 맡긴다.

〈킹덤〉에서 신은 자기 팀인 비신대의 군사로서 전략을 하료초에게 맡긴다. 이는 본인이 좋아하지도, 잘하지도 못하는 일은 그 일을 좋아하고 잘하는 사람에게 맡기는 편이 훨씬 좋은 성과를 낼 수 있다는 10x의 이론과 똑같다.

싸우는 것은
경쟁이 아니다

지금까지 10x와 〈원피스〉, 〈킹덤〉의 공통점을 이야기했다. 10배 목표를 실현하는 4단계가 〈원피스〉, 〈킹덤〉과 겹치는 부분이 많다. 〈원피스〉와 〈킹덤〉를 예로 들었지만 그렇다고 다른 해적단이나 국가와 싸우라는 소리는 아니다.

비즈니스에서 타 회사와의 경쟁을 싸운다고 생각할 수도 있겠다. 하지만 어떤 경쟁 환경에서도 고객에게 회사의 가치를 제대로 제공한다면 결과적으로 비즈니스를 성장시킬 수 있다. 다시 말해 무리하게 경쟁 회사를 쓰러뜨릴 필요는 없다.

즉 10× 사고방식은 경쟁 회사와 싸우는 것이 아니라 새로운 발상으로 고객들에게 도움이 되는 가치를 만드는 것을 목표로 한다. 그러기 위해서는 남과 비교하지 않고 스스로 납득할 수 있는 인생을 걸어가야 한다.

이번 장에서는 비즈니스 세계에서 10×에 근거한 시스템화하는 방법과 퍼포먼스를 발휘하는 방법을 소개한다.

견고한 시스템으로
목표 실현을 구체화하라

앞서 10×에 근거하여 팀의 시스템을 만드는 방법에 대해 설명했다. 10배 목표를 실현하는 3단계 자체가 시스템화를 위한 과정이며 다시 한 번 정리해서 설명한다.

10배 크게 성공하는
3가지 단계

첫 번째 단계인 10배 목표를 세우는 방법에 대해서는 10× 마인드 익스팬더부터 설명했다. 먼저 자신이 달성하고 싶은 10배 목표의 수치를 정하고 다음으로 그 목표를 달성한 미래를 상상한다.

그렇게 미래에 있는 자신이 과거를 되돌아보는 시점에서 질문을 던지면 기존과는 다른 시점에서 창의적인 생각을 할 수 있다. 처음에는 자기 자신에게 질문하는 방식이지만 팀이 생기면 팀 멤버와 함께하는 게 더 효과적이다.

두 번째 단계인 좋아하고, 잘하고, 사람들에게 도움이 되고, 돈을 벌 수 있는 4가지 조건으로 특화하는 것에 대해서는 ABC 모델이라고 부르는 고유 능력으로 특화해서 돌파구를 찾기 위한 사고 과정을 기반으로 설명했다.

팀과 함께 90일마다 ABC 모델 활동을 하면 일의 비율을 재점검하고 개선할 수 있다. ABC 모델을 실천하려면 지금까지 익숙했던 것을 바꾸기 위한 용기가 필요하다. 첫 번째 단계에서 소개한 4C의 순서대로 결의하여 용기를 갖고 도전해서 능력을 키워 결과적으로 자신감을 얻을 수 있다.

세 번째 단계인 어떻게 할지보다 누구와 할지를 더 중요하게 생각하는 것에 대해서는 비전을 실현하기 위한 목적이나 중요성, 성공의 기준 따위를 임팩트 필터로 명확히 해서 팀에 공유한다.

가장 퍼포먼스가 높은 사람을 찾기 위한 결정적인 질문도 이야기했다. 어떻게 할지라는 사고를 누구와 할지로 전환하면 시간을 얼마나 절약할 수 있는지 그리고 그것을 수치화하는 방법도 설명했다.

10배 크게 성공하는
마지막 단계

네 번째 단계인 팀을 만들어 시스템화하기를 실행하려면 가장 먼저 지금까지 설명한 1~3단계에서 설명한 과정을 실천해야 한다. 시스템화란 일반적으로 언제든, 어디서든, 누가 하든 같은 성과를 낼 수 있는 방법이라고 정의한다. 하지만 10×의 10배 목표를 실현하기 위한 시스템화에서는 개개인의 고유 능력을 살려 재현할 수 있는 시스템을 만든다.

10배 목표를 달성하기 위한 두 번째 단계에 있는 좋아하고, 잘하고, 사람들에게 도움이 되고, 돈을 벌 수 있다는 4가지 조건으로 특화하고, 어떻게 할지보다 누구와 할지를 중시해 인재를 활용하면서 사업을 성장시킨다.

두 번째 단계는 더 구체적인 행동으로 연결될 수 있도록 시스템에 반영한다. 시스템에 반영하는 방법에 대해서는 앞으로 구체적으로 설명한다.

목표의 이정표를
확실히 세워라

10배 목표를 시스템화할 때는 1장에서 이야기한 10× 마인드 익스팬더가 다시 등장한다. 10× 마인드 익스팬더는 10배 목표를 달성한 미래를 상상하고, 그 미래에 있는 자신이 과거를 돌아보며 기존과 다른 상상적 시점에서 생각하는 목표를 세우는 방법이다.

목표는 목적을 실현하기 위한 수단이고 구조적으로는 목적의 다음 층에 위치한다. 10× 마인드 익스팬더에서는 자신이 정말 실현하고 싶은 이상을 명확히 하고 목적을 달성하기 위한 10배 목표의 수치를 정한다.

10× 마인드 익스팬더에서 10배 목표를 달성하는 기간을 스스로 설정해 자기 주도적으로 실천해 나가면 10배라는 큰 목표도 현실적으로 달성할 수 있다. 이 기간을 설정한 뒤 자신과 팀 멤버에게 10배 목표를 달성하기 위한 아이디어를 물어보면 목표를 달성할 수 있는 새로운 창의적인 아이디어를 내놓을 수 있다.

새로운 기술을 활용하거나, 자사가 잘하는 분야와 다른 회사가 잘하는 분야를 협업하거나 혹은 다른 업종의 성공 사례를 받아들여 기존에 하던 방식과는 다른 방법을 찾을 수 있다.

목표를 수치화하라

현재 연 매출이 1억 엔인 회사가 5년 후에 연 매출 10억 엔을 달성한다는 10배 목표를 세웠다면, 최종 목표 달성 지점인 5년부터 연 매출 10억 엔, 3년 뒤에는 연 매출 5억 엔, 1년 뒤에는 3억 엔 같은 식으로 역산하여 목표 수치를 계획한다. 매출뿐만 아니라 이익률이나 고객 수 등 비즈니스에서 중요한 지표도 정한다.

이처럼 1년 뒤에 달성할 목표도 역산해서 정할 수 있다. 보통 '작년 대비 몇 퍼센트 이상 성장하겠다'처럼 과거 실적 대비로 매출 목표를 정한다. 10×에서는 이와 달리 목표를 달성하기 위해 미래에서 역산해서 목표를 설정한다.

SMART 법칙을 활용한 목표 설정

1년 뒤에 달성할 목표가 명확해지면 임팩트 필터를 작성한다. 프로젝트는 여러 가지여도 괜찮다. 1년 뒤에 목표를 달성하기 위해 가장 효과가 높은 프로젝트부터 우선으로 택한다.

프로젝트를 선정한 다음에는 임팩트 필터에 비전을 실현하는 목적, 중요성, 성공 기준 등을 명확히 해서 팀에 공유한다. 이것은 90일간 프로젝트 시트로 사용한다.

임팩트 필터에는 성공의 기준을 명확히 한다. 구체적으로 어떤 결과가 나오면 이 프로젝트가 성공했다고 할 수 있을지를 수치와 기한으로 확실히 제시한다. 이는 조직의 목표를 달성하기 위한 중요한 업적 평가의 지표인 KPI(Key Performance Indicator)가 된다.

성공의 기준은 'SMART 법칙'을 바탕으로 설정한다. SMART 법칙이란 기업이나 조직의 목표를 확실히 달성하기 위해 사용하는 목표 설정 지침이다.

- S: 구체적인(Specific)
- M: 측정할 수 있는(Measurable)
- A: 달성할 수 있는(Achievable)
- R: 관련된(Relevant)
- T: 마감이 있는(Rime-bounded)

S, M, A, R, T 각 첫 문자를 딴 말이다. 이 5가지를 의식하면 목표 달성의 정밀도가 현격히 높아진다.

S는 '구체적인'이란 뜻인 Specific의 첫 글자다. 목표는 구체적이어야 한다. 목표가 추상적이면 목표를 달성하기 위한 행동도 애매해진다. 그러면 자연스레 목표 달성으로부터 멀어질 수밖에 없다.

M은 '측정할 수 있는'이라는 뜻인 Measurable의 첫 글자다. 효율적으로 유효성이 높은 목표를 관리하려면 측정할 수 있는 목표를 세워야 한다.

A는 '달성할 수 있는'이라는 뜻인 Achievable의 첫 글자다. 현실적으로 도전할 수 있는 목표를 설정하면 팀 멤버도 목표에 대해 합의하고 행동으로 실현할 가능성이 높아진다.

R은 '관련성'을 의미하는 Relevant의 첫 글자다. '목표를 달성

한 다음에는 뭐가 있을까', '무엇을 위해 목표를 달성하는가' 같은 양쪽의 관계성이 명확하면 동기 부여가 향상될 수 있다.

T는 '마감이 있는'이라는 뜻인 Time-bounded의 첫 글자다. 아무리 목표를 구체적으로 측정할 수 있고, 무엇을 위해 목표를 달성하는지 관련성이 명확하다 해도 마감 기한을 정하지 않으면 동기 부여를 유지하며 목표를 달성하기 힘들다.

SMART 법칙을 기반으로 임팩트 필터의 성공 기준을 설정하면 프로젝트가 끝날 무렵에 팀 멤버가 '무엇을, 언제까지 달성해야 하는지 몰랐다'는 말을 할 수 없다.

임팩트 필터를 이용해 90일마다 프로젝트에 임한다. 10배 목표를 달성하기 위한 아이디어를 구하는 질문을 끊임없이 한다. 그리고 어떻게 할지보다 누구와 할지 같은 방법을 도입하고 개선할 점이나 재검토 사항도 포함해 시스템으로 지속한다. 그렇게 1년 뒤, 3년 뒤, 5년 뒤에 얼마나 큰 성과를 낼 수 있을지 생각하면 가슴이 두근거리고 미래의 모습이 기대될 것이다.

잘 정돈된 매뉴얼은
효율을 극대화한다

이 책에서는 개인의 고유 능력을 발휘하고, 어떻게 할지보다 누구와 할지처럼 사람의 개성을 활용해 10배 목표를 실현하는 방법을 알려 주고 있다.

그렇기 때문에 매뉴얼을 만든다고 하면 '개성을 발휘할 수 없어요', '개성을 살리는 게 아니라 매뉴얼에 적혀 있는 것을 기계처럼 하는 거 아닌가요?', '매뉴얼을 만들면 매뉴얼대로 일할 수밖에 없지 않나요?'라고 반문할 수도 있다.

내가 생각하는 매뉴얼이란 개성을 죽이는 게 아니다. 오히려 개성을 살리면서 생산성을 높이는 도구다. 매뉴얼은 그동안 축

적된 시행착오 끝에 얻은 현시점에서 최고의 답안을 정리한 것이다. 과거의 지식이나 경험으로 쌓아 온 최선의 방법이기 때문에 처음부터 실수 없이 생산성을 높일 수 있다.

매뉴얼이라는 본보기가 있으면 업무나 작업 순서가 원활해지고, 고민하거나 망설이는 시간이 대폭 줄어 작업 시간도 단축된다. 이뿐만 아니라 매뉴얼을 만들면 업무 품질의 균일화도 도모할 수 있다. 업무에 필요한 지식이나 순서를 매뉴얼화하여 공유하면 '그런 건 배우지 않았는데요'라고 말하는 정보의 격차도 줄일 수 있다.

또한 매뉴얼은 교육이나 인수인계할 때 수고를 덜 수 있다. 업무를 다른 사람에게 맡기려면 반드시 설명하는 시간이 필요하다. 이 과정을 구두만으로 하는 건 효율적이지 않다. 왜냐하면 설명하는 사람에 따라 방식이 다르고, 인수인계 받는 사람에 따라 이해하는 능력도 다르기 때문이다.

그리고 매뉴얼은 개인차를 줄일 수도 있고, 업무 담당자가 쉬면 일이 진행되지 않는 위험도 줄일 수 있다. 업무 담당자가 질병이나 부상 등 개인 사정으로 휴가가 필요하거나 어떤 이유로 퇴사해야 하는 경우에 대비할 수 있다. 담당자가 아니더라도 다른 사람이 바로 일에 투입될 수 있도록 매뉴얼을 만들어 두면 공백을 메울 수 있다.

매뉴얼은 아무나
만들지 않는다

10×에서 매뉴얼은 10배 목표를 달성하기 위한 4번째 단계인 팀을 만들어 시스템화하는 데 효과를 발휘한다. 팀 멤버 개개인의 업무 내용을 바탕으로 매뉴얼을 만든다. 여기까지는 이미 실행하고 있는 회사도 많겠지만 10×에서는 그 일이 고유 능력인 사람이 매뉴얼을 만든다. 따라서 그 일의 전문가가 노하우를 언어화한 매뉴얼이 되는 셈이므로 큰 가치가 있다.

매뉴얼을 만들 때는 구두로 일일이 설명하지 않아도 전달될 수 있도록 자세히 작성하고 기술이나 경험이 없는 사람도 실수 없이 진행할 수 있도록 사실적으로 정리한다. 체크 시트 형식으로 만들기를 추천한다. 체크 시트를 활용하면 빠뜨릴 일이 없기 때문에 누가 해도 헤매지 않고 실수 없이 업무를 확실히 끝낼 수 있다.

나는 이 체크 시트 형식의 매뉴얼을 만들어 운용하기 전에는 팀 멤버에게 일을 맡기기 전까지 시간이 오래 걸리고 실수나 누락하는 경우가 많았다.

하지만 업무의 순서를 시간 순서로 나열해 목록화하고 매뉴얼을 이용해 일을 맡겼더니 신입 사원도 금세 기존 사원들과 똑같이 일을 해냈다.

매뉴얼을 계속해서
더 나은 방향으로 발전하라

매뉴얼을 운용하다가 더 나은 방법이나 새로운 법칙을 발견했다면 매뉴얼을 업데이트한다. 10배 목표를 달성하기 위한 매뉴얼은 '수파리(守破離)'를 실천하기 위한 도구라 할 수 있다. 수파리란 무도나 다도 같은 일본 예도나 예술, 예능 같은 곳에서 수련하는 과정을 말한다.

- 수: 스승의 가르침을 충실히 지키고 실행하는 것.
- 파: 스승의 가르침을 실행하면서 자신만의 방법을 찾거나 다른 방식이나 정보를 받아들여 기존의 틀을 깨는 것.
- 리: 스승의 방식과 자신이 발견한 방식, 양방에 정통해 스승에게서 벗어나 자기 유파나 양식을 구축하는 것.

이 세 단계의 흐름을 수파리라고 한다. 사람 성장의 흐름을 나타내기도 한다. 매뉴얼은 이 수파리 중 수의 성장 스피드를 촉진한다. 이를테면 어디가 왼쪽인지 오른쪽인지도 모른 채 입사한 신입 사원은 신입 교육 시 일하는 방식을 처음 배운다. 이때 신입 사원에게 수파리의 수 단계를 적용하는 것이 바로 신입 교육 매뉴얼이다. 수파리의 수에서는 매뉴얼이 있으면 업무 품질의 효율화와 균일화를 도모할 수 있다.

다음 단계로 일의 질을 높이는 시도가 중요하다. 수파리의 수가 가능해지면 다음 파 단계로 진행한다. 매뉴얼을 지키되 자기만의 해석을 더해 더 나은 형식을 모색하면서 시행착오를 거친다. 이때 자기 고유 능력을 활용하다 보면 개성이 드러난다.

이를테면 요리할 때 처음에는 레시피대로 만들다가 레시피대로 잘 만들게 되면 그다음에는 자기 나름대로 새로운 재료나 요리 방법을 추가해 더 맛있게, 더 짧은 시간에 음식을 만들 수 있다. 이런 시행착오를 거치는 파 과정을 거쳐 자기만의 노하우를 매뉴얼에 반영할 수 있으면 리 단계로 넘어간다. 자기가 개발한 더 좋은 방법으로 매뉴얼을 업데이트한다.

10×에서는 빨리 변하는 시대에서 성장하려면 기존과 다른 창의적인 발상과 기술 활용이 중요하다. 따라서 이런 요소도 매뉴얼에 도입한다.

통상적인 매뉴얼 만들기와 10×의 매뉴얼 만들기의 가장 큰 차이점은 10×의 매뉴얼은 현상 유지가 아닌 더 좋은 방향으로 계속해서 업데이트하는 것이다. 매뉴얼은 만들고 지키는 것이 목표가 아니라 수파리에 따라 업데이트하고 시대의 변화에 적응하면서 진화해야 한다.

조직이 성장하려면
반드시 평가해야 한다

평가 시스템 만들기는 10배 목표 달성을 위한 필수 과정이다. 개인과 팀의 성과를 평가하고 그동안 이룬 일을 확인해 개선 방안을 찾는 것은 새로운 성과로 이어진다.

3가지
평가 기준

첫 번째, 업적 평가에서는 대상 기간 동안 업무 담당자의 목표 달성도를 평가한다.

SMART 법칙을 기초로 수치화된 목표 달성률이나 성공 기준뿐만이 아니라 목표 설정의 타당성과 조직에 대한 공헌도, 목표 달성을 위한 주위와의 협력 체제 등도 평가에 포함한다.

업적 평가에서는 임팩트 필터에서 설정한 성공의 기준에 대해 프로젝트 리더로서 또는 팀 멤버로서 얼마나 공헌했는지도 평가 대상이 된다.

두 번째, 능력 평가에서는 업무 담당자가 지닌 기술이나 자격을 평가한다.

대상 기간 중 직무에 필요한 기술이나 자격을 취득한 경우, 그것을 직무에 활용한 경우가 평가 대상이 된다. 능력 평가는 직무 담당자의 고유 능력을 더욱 키울 수 있다.

세 번째, 행동 평가에서는 근무 태도를 평가한다.

업무 평가나 능력 평가로는 평가할 수 없는 조직이 중시하는 포인트를 행동 평가의 항목에 넣는다.

또한 행동 평가에서는 팀 내 소통 능력도 평가한다. 혼자서 일을 끌어안고 있는 게 아니라 다른 팀 멤버와 원활하게 소통하면서 팀 멤버 각각의 고유 능력을 발휘해 서로 협력하기를 의도한 평가 기준이다.

명확한 평가 시스템이
필요한 이유

10배 목표를 달성하려면 혼자가 아닌 팀으로 일을 해야 하므로 개인뿐만이 아니라 팀 평가도 실시한다. 이런 평가 시스템이 있으면 개인의 목표 달성를 확인할 뿐만 아니라 얼마나 팀에 공헌했는지도 파악할 수 있다.

평가 시스템 없이 일할 때는 성과나 능력, 행동이 적절히 평가되지 않고 피드백도 없어서 팀 멤버들의 의욕이 떨어지는 경우가 많았다. 팀 전체의 연대도 없고 기술이나 공헌도에 맞는 보상도 없었기 때문에 우수한 팀 멤버가 다른 회사로 이직해 버리는 일도 있었다.

평가 시스템을 도입해 평가 기준을 명확히 하자 팀 멤버들도 본인이 무슨 일을, 얼마나 열심히 해야 하는지 알게 되고 동기부여도 높아져 팀 내 소통도 늘어 연대도 잘되었다. 평가 시스템은 조직의 성장을 위해 불가피하다.

이 책은 인사 평가 제도 만들기 전문서가 아니기 때문에 더 이상 평가 제도에 대한 자세한 내용은 다루지 않지만 10배 목표를 달성하는 평가 시스템 만들기의 중요한 포인트로서 10배 목표를 향한 개인의 목표 설정과 평가 기준을 명확히 해야 한다.

개인뿐만 아니라 팀의 업적도 평가 대상이 되어야 하며 고유 능력을 발휘한 능력 평가도 진행해야 한다. 팀과 원활하게 소통하는 행동 평가도 필요하다.

평가 시스템 만들기가 당신의 고유 능력이라면 스스로 만들어봐도 좋다. 그렇지 않다면 어떻게 할지보다 누구와 할지를 생각해 평가 시스템 만들기를 고유 능력으로 하는 사람에게 맡긴다.

완벽해야 한다는
강박에서 벗어나라

"해야 하는 걸 알면서도 좀처럼 시작이 안된다."

"항상 서류 제출 기한에 겨우겨우 맞춘다."

"발표할 때 실수하지 않도록 완벽한 자료를 만들어야 한다."

이런 경향이 있는지 확인해 보자. 완벽하게 해야 한다고 생각하면 할수록 미루게 되고, 그 일 자체가 스트레스로 다가온다. 실은 나도 과거에는 이런 식으로 생각하는 완벽주의에 빠져 있었다.

장인이나 아티스트 같은 직업은 일의 특성상 고집스럽게 완벽을 추구하는 사람이 유리할 수 있다. 하지만 우리는 다르다. 완벽주의자는 일에서 성과를 잘 내기 때문에 얼핏 보면 문제가 없는 것처럼 보이지만 완벽주의가 가진 단점에도 눈을 돌릴 필요가 있다.

완벽주의자보다
최선주의자가 되라

완벽주의자는 책임감이 강하고 타협하지 않는다. 목표까지 가는 길은 직선이어야만 한다고 생각해 실패를 두려워한다. 또한 어떤 사물이나 사건에 대해 고정 관념을 갖고 있다. 완벽주의자의 세계는 양극단만 존재한다. 그리고 완벽하지 않으면 마음이 꺾이거나 지쳐 버리는 경향이 있다.

특히 시스템화에 있어 문제가 되는 건 완벽주의 성향 때문에 발생하는 미루기다. 해야 하는 걸 알면서도 좀처럼 시작하기가 쉽지 않아 초조해진다. 게다가 마감이 다가오면 더욱 불안해진다. 완벽을 목표로 하면 실패가 두려워 행동에 브레이크가 걸리기 쉽다.

그래서 최선주의를 추천한다. 최선주의란 그 시점에서 최선을 다하는 사고방식으로, 복수의 선택지를 생각한 뒤 그중 최선을 선택해 실행한다. 만약 실패하더라도 그 과정에서 배우고 성장의 양식으로 삼으면서 최선을 다하는 것에 가치를 두는 사고방식이다. 자신에게 완벽주의 경향이 있다고 생각하는 사람이라면 최선주의의 사고방식에 관심을 갖기를 바란다.

다음은 완벽주의를 벗어나는 데 도움이 되는 질문이다. 이 질문을 스스로에게 해 보자.

- 완벽주의의 이점은 무엇인가?
- 완벽주의를 위해 지불하는 대가는 무엇인가?
- 완벽주의라서 주위 사람에게 어떤 좋은 영향을 주는가?
- 완벽주의라서 주위 사람에게 어떤 나쁜 영향을 주는가?
- 완벽주의 특징 중 유지하고 싶은 건 무엇인가?
- 완벽주의 특징 중에 버리고 싶은 건 무엇인가?

유연한 일 처리가
가능한 80퍼센트 룰

임기응변으로 유연하게 시스템화를 진행할 수 있도록, 완벽주의를 버릴 수 있도록 만드는 가장 효과적인 방법으로 10× 사고방식 중 '80퍼센트 룰'이 있다. 혼자서 피드백 없이 일을 완벽하게 완성하기보다 초기 단계에서 팀원에게 아이디어를 공유하고 피드백을 받아 일의 80퍼센트에 도달하는 것을 목표로 하는 법칙이다.

가령 0퍼센트부터 80퍼센트에 비해 80퍼센트에서 90퍼센트, 90퍼센트에서 100퍼센트를 완성하려면 정확도가 요구된다. 반면에 80퍼센트 룰은 자기 혼자서 일을 100퍼센트 완료하는 게 아니다. 이는 초기 단계에서 아이디어를 공유하고 팀 멤버에게 피드백을 받아 결과적으로 일을 빠르게 진행하고 더 좋은 성과를 낼 수 있다.

또한 완벽주의로 인해 미루는 문제도 팀 멤버들에게 격려와 협조를 받으면서 어느 정도 강제력을 형성하면 일을 미루지 않고 끝까지 해낼 수 있다.

예전에는 100퍼센트가 될 때까지 아무한테도 부탁하지 않고 끝까지 혼자서 일을 해내려 했다. 하지만 80퍼센트 룰을 알고 실천하게 된 뒤로는 완벽주의를 포기했다. 다른 사람의 도움을 받으면서 시간 대비 효과를 높일 수 있다.

80퍼센트 룰을 실천하는 과정에서는 4C가 효과적이다. 우선은 일을 끝내려고 결의하고, 용기를 갖고 다른 사람의 힘을 빌린다. 특히 완벽주의인 사람이라면 팀 멤버에게 완성하지 못한 일에 대해 말하거나 협력을 구하는 데 많은 용기가 필요하다. 하지만 딱 한 번만 80퍼센트 룰을 실천해 보면 일이 빨리 진행되고 정확도 역시 높아진다는 것을 알게 된다.

　이번 장에서는 10배 목표를 달성하기 위한 4번째 단계로 팀을 만들어 시스템화하는 방법을 소개했다. 시스템화 역시 완벽하게 하려 하지 말고 최선주의 사고방식으로 80퍼센트 룰을 취해야 한다.

　80퍼센트 룰에 따라 초기 단계에서 팀 멤버에게 자신의 아이디어를 공유하고 피드백을 받으면 팀워크가 좋아지고, 창조적인 혁신을 촉진할 수 있다. 팀 멤버에게 아이디어를 빨리 공유하면 할수록 더 좋은 결과물을 만들 수 있다.

6장

10× 실천하기

이제 가장 크게
성공할 시간이다

더 크게 성공하는 사람은
현실에 안주하지 않는다

이번에는 10× 방식을 도입해 하고 싶은 일을 하면서 10배 성과를 내고 자유 시간을 늘릴 수 있게 된 사례를 소개한다.

기존의 틀에서
벗어나라

첫 번째는 사례는 밀리파 레이더 사업이다.

조금 전문적인 이야기가 나오지만 의료 기기를 개발해 판매 사업으로 10배 매출을 달성한 사례다. 핑갈링크는 의료 기기를 개발하는 회사다. 기존의 의료 기기 개발 사업으로는 시장이 성숙한 데다 경쟁으로 인해 7년 동안 전년 대비 +10퍼센트 이상 성장할 수 없었다.

어떻게 하면 더 성장할 수 있는지가 매년 회사가 풀어야 할 숙제였다. 그래서 기존 방식의 개발을 멈추고 의료 기기라는 틀에서 벗어나 매출을 10배 올릴 수 있는 잠재력 있는 사업이 뭐가 있을지 10×에 근거해 생각했다.

개발 팀에서 10배 목표를 달성하려면 어떤 기술을 활용할 수 있을지를 고민한 끝에 밀리파 레이더 개발에 착수하기로 했다. 밀리파란 파장이 1~10밀리, 30~300기가헤르츠 주파수대의 전파로 승용차의 안전 장비 등에도 사용되어 동체 검지에 뛰어난 기술이다. 밀리파 레이더 사업에 착수하면서 개발 팀 전체에서 10배 매출을 달성한다는 목표를 세웠다.

10배 목표를 세운 다음에는 밀리파 레이더 사업에 참여할 팀원을 정했다. 프로젝트 리더부터 기술, 영업, 마케팅, 경리, 고객 서포트 담당까지 각각 좋아하고, 잘하고, 사람들에게 도움이 되고, 돈을 벌 수 있는 4가지 조건에 특화된 팀원을 사내에서 선정했다.

그런 다음 밀리파 레이더 개발을 진행하기 위해 전문 지식과 경험이 있는 개발자를 찾았다. 기존 개발 팀 멤버로는 밀리파 레이더를 개발하기 어려웠기에 어떻게 할지보다 누구와 할지를 생각해 외부에서 밀리파 레이더 개발에 대한 고유 능력을 지닌 개발자를 채용했다.

마지막으로 공통된 목표 달성을 향해 팀으로 사업에 착수했다. 그렇게 개발한 밀리파 레이더로 실내에서 사람의 심박수, 호흡수, 수면의 질 따위를 24시간 측정할 수 있게 되었다. 밀리파 레이더 개발로 판매 대상이 개인, 의료 기관, 요양 시설, 경비 회사 등으로 확대되었다.

개인 고객은 본인의 건강을 불안해하거나 떨어져 지내는 가족의 건강 관리를 위해 구매할 수 있다. 병원 같은 의료 현장에서는 입원 환자의 건강 관리, 요양 시설에서는 입소자의 건강 관리, 보육 시설에서는 원아의 동향 감시 등에도 사용할 수 있다. 경비 회사에서 도입하면 경비 서비스 메뉴로 이용자의 건강 관리라는 부가 가치를 제공할 수 있다. 판매 대상이 넓어지고, 의료 기기 이외의 분야에서 판매를 강화하기 위해 영업 팀 멤버도 추가했다.

밀리파 레이더 개발에 대한 보도자료를 냈더니 많은 고객이 문의를 해 왔다. 그 결과 밀리파 레이더의 판매와 도입이 진행되면서 다양한 제조사의 장치와 제휴하거나 3D 앱 개발 등 신규 사업 개발이 필요해졌다. 그래서 개발자를 신규 채용해 새로운 개발을 진행하고, 사회에 공헌할 수 있는 시스템으로 진화했다. 밀리파 레이더 개발에 착수하기 전과 비교해 10배 이상의 매출을 달성했다.

성공한 사례만큼
더 좋은 조언은 없다

두 번째 사례는 유전학적 검사 사업으로 매출을 10배 달성한 사례다.

핑갈링크는 등록 위생검사소로 '불육증(유산이나 사산을 반복하는 증상)'에 대한 혈액 검사를 하는 사업도 전개하고 있었다. 이 사업은 안정적인 비즈니스로 정착했지만 첫 번째 사례와 마찬가지로 10×에 근거해 어떻게 하면 매출을 10배 이상 올릴 수 있을지 고민했다. 이때는 특히 '10배 목표를 달성하려면 어떤 성공 사례로 배울 수 있을까?'라는 질문이 힌트가 되었다.

이 질문을 바탕으로 내 고유 능력을 살려 정보 수집을 해 보니 일본 검사 시장에서 유전학적 검사 분야가 늘어나고 있다는 사실을 알게 되었다. 유전학적 검사란 개개인의 특정 유전자나 염색체에 어떤 변이가 일어나고 있는지를 알아보기 위한 검사다. 유전성 질환 발병이나 부모로부터 자녀에게 계승되는 유전적 상태를 확인하고 특정 유전성 질환의 가능성을 제외할 수 있다.

나는 정기적으로 미국이나 유럽 검사 학회를 방문해 해외에서 유전학적 검사의 기술과 기기가 발전하면서 수요가 증가해 관련 산업이 성장하고 있음을 파악했다. 이런 경험을 바탕으로 핑갈링크 검사 사업에서 유전학적 검사도 취급하기로 결정했다.

하지만 아무것도 없는 상태에서 새로운 검사 사업을 시작하는 건 쉬운 일이 아니었다. 그래서 유전학 분야에서 실력 있는 미국의 인비테라는 회사와 제휴했다.

인비테는 세계 100여 개국에 유전학적 검사를 제공하고 있고 핑갈링크보다 훨씬 규모가 큰 기업이다. 핑갈링크는 지정 위생 검사소이고 검사를 서포트할 수 있는 고유 능력을 지닌 스태프를 갖췄기 때문에 대기업과 협업할 수 있었다.

인비테가 일본에 제공하는 유전학적 검사는 임상 연구의 목적으로 그동안은 발주자가 개별적으로 인비테에 직접 검사를 의뢰하고 검체를 해외에 발송해야 했다. 하지만 현재는 위생검사소 핑갈링크를 통해 자비 진료 또는 보험 진료의 일부로 인비테의 유전학적 검사를 일본에서 쉽게 의뢰할 수 있게 되었다.

인비테와 협업을 결정하고 나서 핑갈링크는 유전학적 검사 사업을 본격적으로 시작하게 되었다. 그러면서 전문성을 지닌 멤버를 채용하고 기존의 영업 담당자를 영입해 각자의 역할과 고유 능력을 활용한 하나의 팀으로 꾸렸다. 그 결과, 국내 많은 의료 기관에서 도입해 1년 만에 10배의 매출을 달성했다.

이외에도 10×를 기반으로 10배 목표를 달성한 사례는 많지만 두 사업을 대표적인 예로 들었다. 두 사례의 공통점은 10배 목표를 달성하는 4단계를 완벽하게 적용했다는 점이다.

10배 목표를 세울 때는 기존의 사고방식을 버리고 '어떤 기술을 활용할 수 있을지, 어떤 협업을 할 수 있을지, 어떤 성공 사례로 배울 수 있을지?' 같은 10×에 근거한 질문을 던져야 한다.

앞서 소개한 사례 속 프로젝트에서는 나도 리더와 팀 멤버로 참여했다. 기술을 사업에 활용하는 일이 내 고유 능력이다. 그래서 늘 혁신적인 기술 정보를 수집하고 국내외 학회와 전시회에 참가해 협업할 만한 파트너를 찾는 데 집중했다. 이것이 쌓여 10배 목표를 달성할 수 있는 파트너를 찾는 데 큰 도움이 되었다.

10배 목표 달성은 프로젝트에 참여한 개개인이 10배라는 큰 목표를 향해 각자 좋아하고, 잘하고, 사람들에게 도움이 되고, 돈을 벌 수 있는 활동에 열정적으로 임한 결과다.

하지만 모든 과정이 순조로웠던 것은 아니다. 도전했다가 실패하기도 했다. 신규 사업에 도전하는 과정에서 제휴 회사가 자금 부족으로 도산하는 바람에 그 뒤처리를 하느라 고생하기도 했다. 하지만 실패가 두려워 도전하지 않았다면 성공의 기회를 놓쳤을 것이다.

오늘 실패했다고
미래의 성공을 포기 말라

"10번 새로운 일을 시작하면 9번은 실패한다. 하지만 그 한 번의 성공이 쌓여 오늘날의 유니클로를 만들었다."

유니클로 창업자인 야나이 다다시 씨가 본인의 저서에서 쓴 글을 읽고 깊이 공감했다. 도전을 많이 하면 그만큼 실패도 많이 하지만 도전하는 사람이 성공할 확률이 높다.

10배 목표를 달성하는 4단계를 실천하면 큰 성과를 달성할 수 있는 확률이 높아진다. 10배 목표에 다가갈 수 있도록 주력한다는 건 사고가 상당히 단순하고 명료해졌다는 의미다.

만약 내가 기존 사고방식으로 사업에 참여했다면 조금이라도 더 성장시키기 위해 더 오래, 더 많이 일했을 것이고 팀 멤버들에게도 그것을 강요했을 것이다. 그리고 그 방식을 지속했다면 +10퍼센트 정도의 성장은 가능했을지도 모르지만, 10배 성과는 낼 수 없었을 테고 사업에 참여한 팀 멤버들은 모두 피폐해졌을 것이다. 10×의 10배 목표를 달성하는 4단계를 실천하면 더 오래, 더 많이 일하지 않아도 10배 성과를 낼 수 있다.

앞서 소개한 10배 목표를 달성한 사례는 특정 분야에서 100명 이상이 참여한 경우였다. 이번에는 작은 규모로 10배 목표를 달성한 사례를 소개한다.

성공한 사례를 응용하라

나는 의료 분야 회사 두 곳의 경영에 참여하고 있고, 업무 생산성을 높이는 데 특화된 코칭 회사인 주식회사 하이퍼포먼스의 대표를 맡고 있다. 코칭 회사를 설립하기 전에는 회사원이나 경영자를 대상으로 일대일 개인 코칭을 했다. '전 세계 1만 명의 하이퍼포먼스를 활약시킨다'는 비전을 바탕으로 코칭 수업을 진행했는데 코칭 신청이 늘어나면서 매우 바빠졌다.

고객들로부터 "업무 생산성이 높아지면서 성과도 좋아졌습니다", "가족과 보내는 시간이 늘어났습니다" 같은 보고를 받으면 뿌듯했지만 한편으로는 이대로 코칭을 계속하다가는 내 삶이 팍팍해져 버릴 거 같았다. 그래서 어떻게 하면 오래 일하지 않고도 10배 성과를 낼 수 있을지 10×를 기반으로 다시 고민했다.

이때 내가 세운 10배 목표는 고객 수를 10배 늘리기였다. 첫 단계로 10배 목표를 세우고 10배 목표를 달성하려면 무엇을 해야 할지도 생각해 봤다. 혼자서 일대일 코칭을 하는 방법으로는 고객 수를 10배 늘리는 건 불가능할 것 같았다. 그룹 코칭도 해봤지만 여전히 바쁘기만 할 뿐 10배 성과는 낼 수 없었다.

'10배 목표를 달성하려면 어떤 성공 사례에서 배울 수 있을까?'라는 질문을 던지고 성공 사례를 조사해 봤다. 미국에는 코치가 모든 고객에게 코칭하지 않고 코치에게 코칭 방법을 배운 다음 인정받은 사람이 새로운 코치가 되어 고객에게 코칭하는 시스템이 있다는 걸 알았다.

이 시스템을 활용해 내 코칭을 받은 고객 중 업무 생산성을 높이는 데 특화하는 코칭에 흥미가 있는 사람들에게 나 대신 코칭하는 것을 제안했다. 그들에게 코칭 활동은 좋아하고, 잘하고, 사람들에게 도움이 되고, 돈을 벌 수 있는 일이기 때문에 기쁘게 받아들였다. 이로써 내가 일대일로 코칭하지 않아도 많은 사람에게 코칭을 할 수 있게 되었다.

성과도 내면서
자유 시간도 얻는 법

이 시스템을 도입하기 전에는 혼자서 어떻게든 해결하는 방법을 고집했다. 하지만 어떻게 할지보다 누구와 할지를 더 중요하게 생각하게 되면서 코칭이 고유 능력인 팀 멤버를 늘려 많은 사람에게 코칭 수업을 제공했다. 경비 처리에 관한 업무는 전문 회사에 외주를 맡겼다. 고객 모집 또한 그 일을 고유 능력으로 하는 외부 마케팅 회사에 맡겼다.

팀을 만들어 시스템화하는 단계에서 이전까지 개인으로 한 코칭 활동을 법인화했다. 코칭을 다른 사람에게 맡기기 위해 코칭 수업의 매뉴얼을 만들고, 담당 코치가 매뉴얼을 바탕으로 코칭 수업을 할 수 있도록 했다.

또한 프로 코치를 양성하기 위한 강좌를 만들고 그 강좌를 이수한 사람은 당사의 인정을 받아 코칭할 수 있는 자격을 부여했다. 자격을 인정받은 코치가 수업을 진행하면 계약을 바탕으로 수업료를 지불했다. 정기적으로 진척 상황을 확인하고 발생하는 문제점을 개선하기 위해 미팅을 하는 시스템도 도입했다.

코칭 수업과 코치 양성 강좌 신청자가 늘어났지만 내가 코칭 수업, 고객 모집을 하느라 바빠지지는 않았다. 혼자서 했을 때와 비교하면 많은 고객에게 코칭과 강좌를 제공할 수 있게 되었다. 결과적으로 10배 성과를 내면서도 자유 시간을 늘릴 수 있게 되었다.

이렇게 개인적으로도 10배 목표를 달성하는 4단계를 실천하면 더 오래 일하지 않고도 10배 성과를 내면서 자유 시간을 만들 수 있다.

소규모에서도
10배 성과를 낼 수 있다

작은 규모로 10배 목표를 달성한 또 다른 성공 사례를 소개한
다. 10배 목표를 달성하는 기술을 활용한 사례다.

유튜브 개설로
높아진 업무 효율성

나는 유튜브 〈슈 사장〉이란 채널에 코칭과 업무 생산성을 높
이는 방법에 대한 영상을 올리고 있다. 일의 성과를 10배 올릴

수 있게 된 활동 중 하나다. 유튜브를 시작하기 전에는 고객을 모으기 위해 정기적으로 세미나를 개최했는데 세미나 준비와 운영에 상당한 시간과 품이 든다. 세미나를 개최하면 매출은 늘지만 그만큼 바빠지는 딜레마에 빠졌다.

우선 신청자 수를 10배 늘린다는 목표를 세웠다. 그런 다음 세미나 횟수를 더 이상 늘리지 않으면서 10배 목표를 달성하려면 어떤 기술을 활용할 수 있을지 생각해 봤다.

고민 끝에 유튜브 채널에 하이퍼포먼스의 가치를 제공할 수 있는 영상을 올리기로 했다. 세미나를 개최할 때는 준비와 운영에 많은 에너지가 소모되는 데 반해 유튜브는 한 번 영상을 올리면 흥미가 있는 시청자들이 계속 볼 수 있다.

그런 후 좋아하고, 잘하고, 사람들에게 도움이 되고, 돈을 많이 벌 수 있는 4가지 조건으로 특화하려고 했다. 내 고유 능력은 '가치 있는 것을 사람들에게 전하는 것'이기 때문에 열정을 갖고 영상 촬영을 했다. 영상 편집은 몇 차례 시도해 봤지만 좋아하지도 잘하지도 못했다. 그래서 누구와 할지를 생각해 영상 편집이 고유 능력인 외부 영상 크리에이터에게 맡겼다.

영상을 촬영한 뒤 영상 크리에이터에게 영상 데이터를 보내고 편집 마감까지의 일정을 설정하여 정기적으로 영상을 올리는 사이클을 시스템화했다. 또한 영상 편집 담당자는 정보 수집, 조사, 분석에도 뛰어나 매월 개선을 위한 리포트를 작성해 줬다.

나는 리포트를 참고해 영상 내용을 개선했다.

유튜브에 영상을 올리기 전까지는 매월 세미나 준비와 운영을 위해 40여 시간을 소모했지만 유튜브를 올리면서 상황이 개선됐다. 현재 유튜브 채널의 매월 시청 시간이 800시간 이상이고 신청자 수도 세미나를 했을 때보다 10배 이상 늘었다. 세미나를 할 때는 내가 반드시 그 자리에 있어야 했지만 유튜브는 영상을 올리기만 하면 언제 어디서나 시청할 수 있는 구조라 일하는 시간을 줄일 수 있었다.

유튜브 채널은 2024년 3월 기준 5,000명이 넘는 사람이 구독했다. 구독자가 1만 명 이상인 인플루언서는 아니지만, 유튜브 채널을 통해 '코칭을 배우고 싶다', '프로 코치가 되고 싶다', '업무 생산성을 높이고 싶다'는 사람들의 강좌 신청도 들어오고 있다.

매월 800시간 이상 세미나를 열기는 불가능하다. 하지만 유튜브의 기술과 플랫폼을 활용하면 더 오래 일하지 않고도 업무 생산성을 10배 이상 올릴 수 있다.

10× 적용 후
달라진 삶

10×를 알기 전에는 매일 아침 일찍부터 밤늦게까지 일만 하느

라 평일에는 거의 가족과 함께 지내는 시간이 없었다. 주말에도 일해야 하는 날이 이어졌다. 일에 모든 걸 건 생활이 바뀌게 된 계기는 바로 10×였다. 10×의 4단계에 따라 ABC 모델의 A, B는 그 일을 좋아하고 잘하는 사람에게 맡기고, 나는 내 고유 능력을 발휘할 수 있는 C에 주력했다. 그 결과 해야 할 일의 양이 대폭 줄어들었다.

또한 팀 멤버 전체가 각자의 고유 능력에 집중하자 팀 전체의 일하는 시간이 줄어들고 성과는 크게 오르는 극적인 변화가 일어났다. 그렇게 평일에는 오후 5시에 퇴근하고 주말에는 가족과 여유롭게 보내는 생활을 할 수 있게 되었다.

평일에 가족과 함께 외식하는 삶을 동경했기 때문에 그것을 실현할 수 있게 된 지금 상황에 아주 만족하고 뿌듯하다. 때로는 야근도 하고 주말에 일하는 날도 있지만 10×로 라이프스타일 자체가 크게 달라졌고 가족과 함께 시간을 보낼 수 있게 된 것은 사실이다.

내가 10×로 라이프스타일을 바꿀 수 있게 된 것처럼 이 책을 읽고 있는 당신도 10×를 받아들여 10배 여유로운 삶을 살 수 있기를 진심으로 바란다.

과거는 미래의
성공과 관련이 없다

"똑같은 일을 반복하면서 다른 결과를 기대하는 것은 미친 짓이다."

잘 알려진 아인슈타인의 명언이다(아니라는 설도 있다). 가히 훌륭하다고 할 수 있다. 사람은 누구나 과거의 사고와 행동 패턴을 반복하는 경향이 있다.

이 책에서 10×에 근거한 사고방식에서도 다른 것처럼 이전과는 다른 성과를 내고 싶다면 지금까지와는 다른 사고와 행동을 해야 한다.

① 10배 목표를 세운다.

② 좋아하고, 잘하고, 사람들에게 도움이 되고, 돈을 벌 수 있는 4가지 조건으로 특화한다.

③ 어떻게 할지보다 누구와 할지를 더 중요하게 생각한다.

④ 팀을 만들어 시스템화한다.

이는 그동안 해 온 사고방식이나 행동과 다를 것이다. 10×가 습관이 되면 지금까지와는 다른 성과를 낼 수 있다.

셀프 이미지를
명확히 하라

주말에는 가족과 함께 바닷가에서 산책하거나 서핑을 하면서 여유롭게 보내고 있다. 지금 사는 곳으로 이사한 뒤 바다에 자주 놀러 갔는데 여러 번 가도 질리지 않고 바다를 볼 때마다 기분이 좋아진다. 산책하는 동안 아이들은 게를 잡아 와 보여 주곤 한다. 자연과 어울릴 수 있는 환경에서 아이를 키울 수 있어 행복하다.

예전부터 막연하게 바다와 가까운 곳에 집을 짓고 살고 싶다고 생각했다. 그 동경이 현실이 된 것도 10× 덕분이다. 이상으로 삼았던 라이프스타일을 머릿속으로 그려 보며 명확히 했기 때문이다.

그 과정에는 바다 근처에 집을 짓고 살겠다는 결심과 행동에 옮긴 실천이 필요했지만, 머릿속으로 그림을 그려 본 뒤 행동으로 옮기기까지는 순식간이었다.

'셀프 이미지'는 자기 자신을 어떻게 바라보고 있는지를 의미한다. 과거를 돌이켜보면 바다 근처에 사는 라이프스타일을 실현할 수 있었던 건 셀프 이미지를 명확히 한 덕분이었다.

셀프 이미지를 명확히 하기 위해 과거에서 현재, 미래에서 현재라는 두 방향에서 바라보는 자기 분석이 필요하다.

- 지금까지 어떤 인생을 살아왔는지.
- 본인이 바라는 미래의 모습은 어떤 것인지.

두 방향으로 자기 분석을 하다가 답을 찾으면 자신의 현재 모습이 명확해진다. 그리고 앞으로 자신이 나아가고 싶은 모습이 드러난다. 머릿속으로 그 모습을 조금 더 구체적으로 떠올려 보면 그곳에는 내가 인생에서 중요하게 여기는 것들이 보이게 될 것이다.

현재를 바꿔야
미래도 바뀐다

많은 사람이 과거와 미래가 연결되어 있다고 생각한다. 과거와 현재는 연결되어 있다. 현재의 자신은 틀림없이 지금까지의 과거를 살아온 결과로 존재한다.

하지만 미래는 과거의 연장선에 있지 않다. 현재와 미래가 연결된 것이다. 현재와 미래를 연결하는 셀프 이미지는 본인이 얼마든지 바꿀 수 있다.

본인이 바라는 미래를 실현하기 위해서는 지금 여기에 있는 본인의 존재를 스스로 어떻게 보고 있는지가 중요하다. 셀프 이미지가 낮으면 자신이 가진 고유 능력을 충분히 발휘할 수 없다. 그 앞에 기다리는 건 변하지 않는 현실이다.

한편 셀프 이미지가 높으면 자신이 가진 고유 능력을 최대한으로 발휘할 수 있다. 그 앞에 기다리는 건 꿈꾸는 자신과 원하는 결과이다. 자기 자신에 대한 생각을 바꾸면 인생이 전혀 다른 색으로 보인다. 셀프 이미지에 따라 인생은 본인이 원하는 방향으로 흘러간다.

시간이 없다는 말은
여전히 핑계다

"바빠서 하고 싶은 일을 할 수 없다."

"시간이 더 있었으면 좋겠다."

"매일매일 시간에 쫓긴다."

지금을 충실하게 살려고 할 때 가장 방해가 되는 것은 '시간 부족'이다. 현대인들은 늘 시간이 부족하다는 압박에 노출되어 있어 스트레스를 받고 있다. 스트레스가 많아지면 심신의 건강을 유지할 수 없고 소중한 사람과 좋은 관계를 맺을 수 없다. 나 역시 그런 경험이 있었다.

시간이 부족하다는 주제에 관한 연구와 리포트도 상당수 존재한다. 그리고 실제로 시간이 부족하다는 것에 대해 고민하는 사람도 많다. 수많은 사람이 시간 부족을 해결하려고 시도했지만, 시간 부족은 기술 진화의 속도가 빠른 현대 사회에 사는 우리가 떠안은 공통된 미해결 문제다. 현대인이 빠져 있는 이 상황을 '시간의 함정'으로서 크게 3가지 요소로 설명할 수 있다.

모호해진
공과 사의 영역

첫 번째 시간의 함정은 우리가 기술의 진화로 24시간 연결되어 있다는 것이다.

스마트폰이나 태블릿 단말기, 소셜 미디어, 클라우드 등이 보급되면서 할 수 있는 일의 폭이 넓어지고 편리성도 높아졌다. 그 결과 우리의 삶과 일하는 스타일에 큰 변화가 일어났다. 사람들은 서로 떨어져 있어도 24시간 연결되어 있는 상태가 된 것이다. 사회적으로도 24시간 연결된 환경을 늘리기 위해 많은 돈을 투자하고 있다.

하지만 이러한 환경이 결코 좋다고 말할 수는 없다. 실제로 일을 마친 후나 쉬는 날에도 누군가가 급히 찾으면 쉽게 대응할 수 있게 되면서 일과 사적인 영역의 경계가 사라지고 있다. 업무 생산성은 향상될 수 있지만, 그 이상으로 많은 요구와 알림에 압도당하고 있다.

두 번째 시간의 함정은 우리가 수많은 정보에 노출되어 있다는 것이다.

우리는 이른바 정보화 사회에 살고 있다. 한 전문가는 "대도시에서 일하는 평범한 회사원이 일상생활에서 받아들이는 정보량은 18세기에 살았던 사람이 평생 받아들인 정보량과 같다"라고 말했다.

새로운 기술을 활용해 모든 영역에서 정보를 생산하고, 기록하고, 전송하기를 더 쉽고, 빠르게, 저렴한 비용으로 할 수 있게 되었다. 인터넷 발달에 따라 전 세계에 있는 몇십억 명의 사용자와 함께 정보를 주고받는 양은 18개월마다 배가 되고 있다고 한다.

많은 사람이 이 방대한 정보의 바다를 헤엄치고 있는 것과 같다. 매일 사람들은 사실인지 아닌지 알 수 없는 정보의 파도에 휩쓸려 헤엄치고 있다. 그리고 그 방대한 정보 중에서 자신에게 필요한 정보를 선택하기 위해 많은 사람이 에너지와 시간을 소비하고 있다.

많은 양의 정보에 노출된 것은 현대 사회의 큰 문제 중 하나다. 그 결과 방대한 정보에 노출되어 취사 선택할 수 없는 정보 중독자가 늘고 있다.

시간은 부족한데
선택할 것은 많은 사회

세 번째 시간의 함정은 제한된 시간 속에서 우리가 많은 선택을 강요당하고 있다는 것이다.

우리는 수많은 정보 속에서 많은 선택을 강요받는다.

"저희 상품을 골라 주세요."

"저희 상품이 더 신제품이에요."

"저희 상품은 더 빨리 만들 수 있어요."

"저희 상품이 더 싸요."

끊임없이 서비스 판매자는 예상 고객을 향해 수많은 정보를 던지며 주의를 끌려고 한다. 이처럼 인생의 모든 영역에서 사람들은 많은 선택을 요구받는다.

만약 사람들이 선택에 사용할 수 있는 시간이 늘어난다면 이는 큰 문제가 되지 않을 것이다. 하지만 우리가 하루 중 선택을 위해 사용할 수 있는 시간은 한정되어 있다.

현대 사회는 시간의 함정 때문에 일하는 시간을 줄이면서 현재에 집중해 10배 성과를 내는 10×의 시간 사용법이 유효하다. 스트래터직 코치에서 만난 10배 성과를 낸 사람들은 시간의 함정에 빠지지 않고, 시간과 성과의 비례 관계에서 벗어나 10배 성과를 내면서 자유 시간을 즐겼다.

일과 일상을 확실히
구분하여 시간을 아껴라

10×의 시간 사용법을 자신의 의지로 실행하면 다음 3가지를 가능하게 한다.

① 일과 사생활 둘 다 충실하게 할 수 있다.
② 자기 고유 능력을 발휘해서 최고의 생산성 달성, 공헌, 만족감을 얻을 수 있다.
③ 자기 고유 능력을 경제적인 가치로 바꿀 수 있다.

10×의 시간 사용법을 실천하면 시간의 함정도 피할 수 있다.

10×의 시간 사용법은 '집중하는 날', '준비하는 날', '자유로운 날'로 구성된다.

- 집중하는 날: 고유 능력을 살릴 수 있는 가장 중요한 활동, 특히 수익성이 있는 활동을 하는 날이다. 이날 좋아하고, 잘하고, 사람들에게 도움이 되고, 돈을 벌 수 있는 일에 집중한다.
- 준비하는 날: 비즈니스 운영을 위해 반복적으로 해야 하는 서류 업무, 스케줄 짜기, 일을 다른 사람에게 맡기거나 인수인계하기, 일과 관련된 연수나 교육 활동을 하는 날이다.
- 자유로운 날: 재충전을 하기 위한 날. 일하지 않고 가족이나 친구, 이웃이나 같은 취미를 가진 커뮤니티 사람들과 시간을 보낸다. 레저나 휴식, 자선활동 등을 한다. 일 이외의 메일 확인이나 메시지, 전화, 생각하는 일은 이날에 한다.

시간을 조절하기
어려워하는 이유

스트래터직 코치에서 배운 대로 하자면 1년 365일 중 집중하는 날은 135일, 준비하는 날은 80일, 자유로운 날은 150일의 비율로 나눈다. 이것을 실천하고 주위 사람들에게도 알려 줬는데 그대로 실천하기 어렵다고 말한 사람도 있었다.

첫 번째, 자유로운 날에 일을 아예 하지 않기가 어려웠다고 한다.

나 역시 처음에는 자유로운 날에 일을 하지 않겠다고 굳게 다짐했지만 그날이 오자 생각대로 되지 않았다. 아무래도 일이 신경 쓰이다 보니 일 관련 메일이나 채팅 앱을 열면 답장을 멈출 수 없었다. 그러다 정신을 차려 보면 하루의 절반이 지나 버리는 날도 많았다.

그동안 나는 휴일은 평일에 비해 시간적 여유가 있다 보니 쉬는 날에 못다 한 일을 하거나 자료를 만들었다. 또한 쉬는 날이라는 사실을 알리는 IT 도구를 사용하거나 쉬는 날에는 다른 담당자가 대신 대응할 수 있도록 시스템을 만들었지만 급한 일이 들어오면 대응할 수밖에 없는 경우도 많았다.

쉬는 날까지 일을 하면 온·오프 전환이 안되기 때문에 심신의 피로가 풀리지 않고 창조적인 발상이 불가능해진다. 그러면 결국 일에 대해 수동적인 자세가 되기 쉽다. 그렇다면 어떻게 해야 할까? 자유로운 날에 100퍼센트 일을 하지 않겠다는 생각보다 80퍼센트 정도만 쉰다는 것을 목표로 한다(80퍼센트 룰).

두 번째, 자유로운 날을 1년 중 150일을 잡으면 약 40퍼센트를 차지하는데 그만큼 쉬기는 힘들 것 같다고 했다.

특히 일본은 주말과 공휴일을 합하면 연간 약 120일 정도를 쉰다. 일 년 중 약 30퍼센트가 휴일인 셈이다. 여름휴가나 연말연시 휴가를 포함하면 쉬는 날이 더 늘어나지만 150일을 채우기에는 역부족이다.

이 책에서 전하는 10× 시간 사용법을 실천하면 자유로운 날을 늘릴 수는 있지만 우선 80퍼센트 룰을 적용한다. 처음부터 완벽하게 150일을 지키려고 애쓰지 않아도 된다.

세 번째, 스트래터직 코치의 프로그램 수강생 중에는 2~3주 동안 자유로운 날을 보내는 사람도 있지만 일본에서는 그렇게 하기 쉽지 않다고 한다.

당장 자유로운 날을 길게 보내는 것이 부담이라면 피로를 풀고 재충전할 수 있을 정도로만 휴식을 취해도 좋다(10×를 잘 실천해 일을 다른 사람에게 맡기면 2~3주 동안 자유로운 날을 보낼 수도 있다).

어떤 사람은 일주일을 집중하는 날, 준비하는 날, 자유로운 날로 나누는 방법이 맞을 수도 있다. 예를 들어 일주일 중 화요일, 수요일, 목요일 3일은 집중하는 날, 월요일과 금요일은 준비하는 날, 토요일과 일요일은 자유로운 날처럼 나누는 것이다. 스트래터직 코치가 권장하는 비율과는 다르지만 이 방법이 더 쉬운 사람도 있을 수 있다. 집중하는 날, 준비하는 날, 자유로운 날의 균형을 잘 잡아야 한다.

집중하는 날은
결과를 극대화하라

집중하는 날은 가장 좋은 결과를 내기 위한 날이다. 그럼, 가장 좋은 결과를 내려면 어떻게 해야 할까? 10×에서는 집중하는 날에 제한된 시간에 고유 능력을 살려 가장 중요한 일을 해서 최고의 생산성을 발휘한다. 집중하는 날에는 특히 매출이나 이익으로 연결되는 가장 중요한 일을 한다.

만약 판매 활동이 필요하다면 고객과 직접 만나거나 판매를 위한 의견 청취나 정보를 제공하는 등 관계를 구축하는 활동이 여기에 해당한다. 매출이나 이익으로 연결된다는 일이라면 회사 판매 담당자를 지원하고, 제품을 광고하거나 웹사이트에 글을 올리는 일을 할 수 있다.

또한 집중하는 날을 활용해 10배 성과를 내려면 고유 능력을 살린 팀과의 제휴가 불가피하다. 집중하는 날에 팀 멤버들은 각자 맡은 역할을 다하는 동시에 임팩트 필터에서 설정한 프로젝트의 성공 기준을 달성할 수 있도록 함께 일한다.

집중하는 날에는 팀 멤버가 각자 고유 능력으로 특화한 일을 해서 최고의 생산성을 발휘한다. 중장기적인 시점에서 꾸준히 성장하면서 더 큰 성과를 내는 것을 목표로 한다. 10배 목표는 최고의 생산성을 발휘하는 시간이 쌓인 결과물이기 때문이다. 집중하는 날에 고유 능력을 살려 일할 수 있다면 보람과 행복을 느끼면서 일을 통해 성장하고 이는 더 큰 성과로 연결된다.

집중하는 날에는 고유 능력을 살릴 뿐만 아니라 누구와 할지에도 집중한다. 스트래터직 코치의 프로그램에서 배운 톱 20클럽이라는 콘셉트도 많은 도움이 된다. 톱 20클럽은 조직 매출의 8퍼센트 이상은 20명의 핵심 인물이 담당한다는 사고방식이다.

지금까지의 회사 실적이나 경험, 앞으로 주력할 방향성을 바탕으로 20명의 핵심 인물을 뽑아 리스트로 만든다. 이 20명은 당신의 회사에 큰 가치를 가져다줄 전략적으로 중요하고 주력해야 할 고객이나 파트너다.

톱 20클럽 리스트를 작성했다면 각각의 핵심 인물과 언제, 어떻게, 무엇을 할지 정한다. 집중하는 날에는 톱 20클럽의 핵심 인물을 만나서 관계를 구축해 매출로 이어지게 한다. 핵심 인물은 당신 회사의 목표 달성을 도와줄 사람이다.

성공을 준비하는
시간도 필요하다

집중하는 날, 준비하는 날, 자유로운 날 중에서 준비하는 날은 제일 기대되지 않는 날 같지만 실은 효과적인 시간 사용법을 바꾸기 위해 가장 중요한 날이다.

준비하는 날의 시간 사용법은 미래의 성공을 실현하기 위한 중요한 토대가 된다. 다시 말하자면 이 준비하는 날의 토대 없이는 자유 시간을 가지면서 10배 성과를 낼 수 없다.

준비하는 날이란 비즈니스를 운영하기 위해 반복해야 하는 서류 일, 스케줄 짜기, 다른 사람에게 일 맡기기, 인수인계하기, 일과 관련된 연수나 교육 활동 참여 등을 하는 날이다. 예를 들면 다음과 같다.

- 비즈니스를 원활하게 운영하기 위해 반복적으로 해야 하는 서류 작업이나 잡무를 한다.
- 스케줄을 세우고 정보 정리를 한다.
- 사내외 관계자와 커뮤니케이션한다.
- 인재를 채용한다. 오리엔테이션을 한다.
- 다른 사람에게 일을 맡긴다. 인수인계한다.
- 새로운 능력을 배운다.
- 비즈니스 전략이나 계획을 세운다.

고객을 위해 하는 모든 일은 집중하는 날에 한다고 생각하기 쉬운데 반드시 그렇지는 않다. 집중하는 날에는 고유 능력을 살린 가장 중요한, 특히 수익성이 있는 활동을 한다.

고유 능력을 발휘해도 고객이 대가를 지불하지 않는 일은 준비하는 날에 한다. 고객이 가치를 느껴 대가를 지불하는 일은 집중하는 날, 대가를 지불하지 않는 일은 준비하는 날에 한다고 생각하면 더 쉽게 이해할 수 있다.

준비하는 날은 3가지 단계로 보낸다. 1단계에서는 비즈니스를 원활하게 운영하기 위해 필수인 반복적인 업무를 한다. 메일이나 메시지, 전화 주고받기, 사내 자료 확인이나 승인 등이 해당한다. 반복적인 일이나 잡무를 하나씩 해결한다. 비즈니스를 원활하게 하기 위한 반복적인 일이나 잡무는 6가지로 더 세분화할 수 있다.

준비하는 날을
잘 보내는 방법

첫째는 반복적인 서류 작업, 둘째는 사무실 주변 정리, 셋째는 돈에 관련된 일, 넷째는 건강에 관련된 일, 다섯째는 법률에 관한 일, 여섯째는 인간관계에 관련된 일이다.

여기서 언급한 일의 중요도는 사람마다 다르겠지만 일을 처리하지 않고 그대로 두면 집중력이 떨어지거나 새로운 문제를 일으킬 수 있다.

고유 능력을 최대한 발휘하기 위해서라도 준비하는 날에는 서류 작업이나 잡무를 정리한다. 스트래터직 코치에서는 이 활동을 "클린 업(청소)한다"라고 표현했다. 다만 준비하는 날에 비즈니스 운영에 필요한 반복적인 일만 한다면 현재 상황은 달라지지 않는다.

반복적인 서류 작업이나 잡무를 마쳤다면 2단계로 넘어가 다

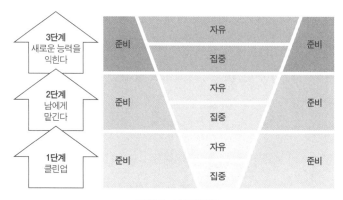

준비하는 날의 3단계

른 사람에게 일을 맡기거나 인수인계하는 데 시간을 쓴다.

다른 사람에게 일을 맡기는 방법은 3장에서 설명한 대로 ABC 모델과 고유 능력에 맞춰 일을 나누는 방법에 따른다. 현재 하는 일 중 고유 능력에 해당하지 않는 일은 분명히 있다.

또한 준비하는 날에 해야 하는 반복적인 서류 작업이나 잡무, 정보 정리 같은 일도 이 일을 고유 능력으로 지닌 팀 멤버에게 맡기기를 추천한다. 집중하는 날에는 가장 중요한 업무에 주력할 수 있도록 고유 능력을 발휘할 수 없는 일은 다른 사람에게 맡기는 것이 좋다.

나는 준비하는 날에 인재 채용이나 오리엔테이션 같은 일도 처리한다. 만약 회사에 이 일을 고유 능력으로 발휘할 수 있는 사람이 있다면 그 사람에게 일을 맡긴다.

준비하는 날을
잘 보내면 좋은 점

비즈니스를 성장시키기 위해서는 지속적으로 새로운 능력을 익혀야 한다. 새로운 능력을 익힌다는 건 새로운 지식이나 기술을 배우거나, 새로운 협업 혹은 전략적인 제휴를 맺고 새로운 기술을 활용하는 것도 포함한다. 바쁘다 보면 새로운 능력을 익히는 활동을 미루게 되는데, 준비하는 날로 시간을 확보하면 새로운 능력을 익힐 수 있다.

준비하는 날에는 1단계에서 클린 업하고, 2단계에서 일을 다른 사람에게 맡기고, 3단계에서 새로운 능력을 익힌다. 단계가 진행됨에 따라 전 단계의 활동에 소비하는 시간을 점차 줄일 수 있다.

그렇게 줄인 시간은 집중하는 날이나 자유로운 날에 할애할 수 있다. 어느 날에 할애할지는 본인이 정하기 나름이다. 고유 능력을 살려 일하고 싶다면 집중하는 날을 늘리고, 자유 시간을 갖고 싶다면 자유로운 날을 늘린다.

준비하는 날을 어떻게 보내느냐에 따라 스케줄 관리도 쉬워진다. 만일 휴일을 제외한 모든 날을 집중하는 날로 정해 일만 한다면 갑자기 급한 일이 들어왔을 때 거절하거나 또는 자유로운 날이나 잠자는 시간을 쪼개야 하는 상황에 빠질 수 있다. 준비하는 날을 가지면 이런 사태에도 대응할 수 있다.

이외에도 준비하는 날에 집중력을 방해할 만한 잡무를 해치우면 집중하는 날에 고유 능력을 발휘해 업무에 주력할 수 있다. 또한 급한 일이 들어와도 준비하는 날에 조정할 수 있고, 다른 사람에게 일을 맡기거나 인수인계하면 자유로운 날에는 일을 신경 쓰지 않아도 된다. 준비하는 날을 잘 활용하면 집중하는 날에는 업무의 생산성을 높일 수 있고 자유로운 날에는 충분한 휴식을 취할 수 있다.

몸과 마음을 충전해야
성공을 향해 달릴 수 있다

"만약 1년 뒤에 인생이 끝난다면 일을 더 하고 싶은가?"

인생의 마지막에 '일을 더 할걸' 하고 후회하는 사람은 거의 없을 것이다. 많은 사람이 '일만 하지 말고, 하고 싶은 것들을 더 하고 살걸', '소중한 사람과 더 많은 시간을 보낼걸' 같은 생각을 하며 후회한다. 그리고 자신의 인생을 돌아보면서 어떻게 살아 왔는지를 생각한다. 본인이 정말 살고 싶은 인생을 살았는지, 아니면 일만 하는 인생을 살았는지.

자유로운 날은 '자신이 정말 살고 싶은 인생을 살았는지'라는 관점에서 보면 인생에서 가장 중요한 날이다. 보통 휴가란 일하며 쌓인 피로의 대가로 쉬는 개념이다. 따라서 일보다 휴가를 먼저 생각하지 않는다.

반면 10×에서는 휴가를 먼저 설정한다. 쉬지 않고 일하다 보면 창조성과 에너지가 점점 떨어지고 그 상태가 지속되면 수동적으로 일을 하게 된다. 그렇게 되기 전에 미리 자유로운 날을 보낼 수 있도록 스케줄을 잡는다.

정기적으로 자유로운 날을 보내면 신체적으로도, 정신적으로도, 감정적으로도 일할 때 좋은 상태를 유지할 수 있다. 또한 자유로운 날에 충분히 휴식을 취하면 창조성과 에너지가 높아져 새로운 일에도 쉽게 도전할 수 있다.

자유로운 날이
필요한 이유

자유로운 날을 미리 정하고 남은 날을 집중하는 날과 준비하는 날로 나눈다. 그렇게 하면 일을 위해 사용할 수 있는 시간이 한정되어 있음을 알 수 있다. 시간이 한정되어 있다는 것을 알기 때문에 효율적이고 효과적으로 업무 시간을 사용해야 한다는 의식에 불이 켜진다. 따라서 집중하는 날에는 수익을 내는 가장 중요한 일을 하고, 준비하는 날에는 집중하는 날의 생산성을 높일 수 있는 활동을 한다.

당신이 자유로운 날을 갖게 되면 팀 멤버는 성장할 수 있다. 당신이 자유로운 날을 보내는 동안 팀 멤버는 당신의 도움을 받을 수 없기 때문에 스스로 생각하고 판단을 내린다. 팀 멤버의 판단이 실패할 수도 있지만 그 경험에서 새로운 것을 배우게 된다. 그렇게 팀 멤버는 일에 대한 책임감을 갖게 되고 팀의 힘을 끌어올린다.

그렇다고 해서 팀 멤버에게 갑자기 많은 일을 맡기지 말아야 한다. 준비하는 날을 이용해 10×의 일 나누는 방법을 참고해서 단계적으로 일을 맡겨야 한다. 그렇게 하다 보면 팀 멤버는 당신에게 의존하지 않고 일을 처리할 수 있게 되고, 당신이 없어도 차질 없이 회사가 돌아간다. 당신도 자유로운 날에 맘 편히 쉴 수 있다.

자유로운 날에는 일을 일절 하지 않고 푹 쉬면서 재충전하는 날이라고 했지만, 내 경험상 처음부터 자유로운 날에 일을 하지 않고 쉬기는 힘들다. 나도 모르게 일이 신경 쓰여 메일을 확인하거나 업무를 한 적이 있다.

하지만 쉬는 날에는 일을 하지 않고 푹 쉬면서 재충전해야 일하는 날에 생산성이 올라간다. 이건 내가 일과 사생활의 온·오프 스위치를 능숙하게 전환할 수 있게 되고 나서 깨달은 사실이다. 특히 성실한 사람에게는 처음부터 쉬는 날 일을 전혀 하지 않는 건 어렵다. 천천히 오프로 전환할 수 있도록 쉬는 시간을 의식적으로 늘려야 한다.

정말 하고 싶었던 활동을 하는 날

자유로운 날에는 정말 하고 싶었던 것을 하기를 추천한다. 나는 자유로운 날에 가족이나 친구들과 여행을 가거나 바비큐, 캠핑, 하이킹, 서핑 등을 하면서 보낸다. 평소 만나지 못한 사람을 만나 함께 뭔가를 하면 새로운 아이디어나 영감을 얻고 의견 교환도 할 수 있어서 좋은 자극이 된다.

책을 읽거나 영화를 보기도 하며 미술관에 가기도 한다. 저녁에는 심신을 재충전하기 위해 근육 트레이닝, 스트레칭, 수영을 한 뒤에 사우나를 하는 게 루틴이 되었다. 사람에 따라 하고 싶은 일이 다르기 때문에 자신이 진심으로 만족할 수 있는 활동을 하길 바란다.

반대로 자유로운 날에 진심으로 만족할 수 있는 활동을 하지 않는 것은 추천하지 않는다. SNS를 아무 생각 없이 보거나 밀린 집안일을 하거나 남에게 부탁받은 일을 하느라 하루를 버리는 건 푹 쉬거나 재충전해야 하는 자유로운 날에 맞지 않는다.

우리는 일하기 위해 사는 게 아니라 살기 위해 일한다. 일을 우선으로 생각하고 산다면 인생 후반부에 '일만 하지 말고 하고 싶은 일을 할걸', '소중한 사람과 더 많은 시간을 보낼걸' 생각하며 후회할 것이다.

자유로운 날을 잘 보내면 일 외의 나의 삶도 신경 쓰게 되고, 많은 것에 감사하는 마음을 가질 수 있다. 그런 나날이 쌓여 인생의 마지막 순간에 "잘 살았다!"라고 말할 수 있기를 진심으로 바란다.

좋은 흐름을 만드는
행동을 습관화하라

경영자로서 많은 회사를 보면서 내린 결론은 '바쁜 회사일수록 성장하지 않는다'는 것이다. 이렇게 말하면 "바쁜 회사라면 일이 많은 거니까 성장할 수 있지 않나요?"라고 묻는 사람도 있겠지만 그렇지 않다고 단언할 수 있다.

여기에서 말하는 바쁜 회사란 눈앞의 일을 그냥 계속하는 회사를 말한다. 특히 대표나 리더가 필사적으로 일하고 눈앞의 일만 척척 해내는 회사라면 어느 이상의 성장을 이룰 수 없다.

바쁜 회사는 천천히 쇠퇴하면서 결국 붕괴한다. 대표나 리더는 눈앞에 닥친 일이 아니라 전체를 내다보고 회사의 전략을 세

위 중장기적으로나 지속적으로 성장시키는 일을 해야 한다.

바쁜 회사는 돈을 버는 것처럼 보이지만 노동의 비용 대비 효과가 나쁘다. 더 오래 일해서 결과를 내는 방식은 일반적인 효과는 있을 수 있지만 지속적으로 성장하기 어렵고 10배 성과도 올릴 수 없다. 바쁘면 성장하기 위한 창의적인 발상이나 해결책을 만들어 내지 못한다. 공부할 시간이 없을 뿐만 아니라 무엇보다 푹 쉬지 못해 심심이 피폐해져 결국 성장 에너지를 얻을 수 없다.

하루 일과의
우선순위를 정하라

그럼 어떻게 해야 할까? 이 책에서 이야기하는 10배 목표를 실현하는 4단계를 실천하고 집중하는 날, 준비하는 날, 자유로운 날을 균형 있게 설정한다. 일이 많아 바빠지는 것 자체를 부정하는 건 아니다.

예를 들어 집중하는 날을 의도적으로 많이 설정해 일하는 날을 충실하게 보내는 건 문제 없다. 하지만 눈앞에 닥친 일을 해치우느라 바쁜 상태는 좋지 않다. 창의적인 발상은 여유가 없으면 나오지 않기 때문이다.

바쁜 상태를 막기 위해서는 준비하는 날을 정기적으로 만들어 다른 사람에게 일을 맡기거나 인수인계해서 시간을 만든다. 그렇게 만들어 낸 시간을 집중하는 날에 할당해 가장 중요한 일을 할지 아니면 자유로운 날에 할당해 푹 쉬면서 재충전하거나 중요한 사람들을 만나 집중하는 날의 창조성과 생산성을 높일지는 스스로 조정할 수 있다.

집중하는 날, 준비하는 날, 자유로운 날을 균형 있게 설정하면 인생 자체에 좋은 흐름이 생긴다. 특히 바쁘게 지낸 사람은 자유로운 날에 푹 쉬면서 재충전할 수 있고, 준비하는 날을 잘 보내면 집중하는 날에 하는 일의 생산성을 높이거나 자유로운 날을 늘릴 수 있다.

이 흐름을 습관화하기 위한 하루의 일과 중 우선순위를 정해서 좋은 흐름을 만들어 내는 도구가 있다. 스트래터직 코치에서 '1페이지 프로덕티비티'라고 하는데 '그날 해야 하는 프로젝트', '연락해야 하는 일', '가장 중요한 일' 3가지 항목을 A4 한 장에 정리한다.

우선순위는 다음과 같이 정한다. 급하고 중요하다(제1영역), 급하지 않지만 중요하다(제2영역), 급하지만 중요하지 않다(제3영역) 순서로 우선순위를 매긴다. 급하지도 않고 중요하지도 않다(제4영역)는 마지막에 하거나 아예 하지 않기로 한다.

프로젝트		
프로젝트1	프로젝트2	프로젝트3
신규 사업 시작	학회 세미나 개최	신간 출판
이 프로젝트를 진행하기 위해 하는 5가지	이 프로젝트를 진행하기 위해 하는 5가지	이 프로젝트를 진행하기 위해 하는 5가지
1. 임팩트 필터 작성 2. 팀원 선출, 역할 정하기 3. 팀원과 미팅 4. 5.	1. 강연자 의뢰 2. 학회 사무국에 필요한 　서류 제출 3. 세미나 전단지 작성 4. 5.	1. 집필 2. 편집자와 미팅 3. 4. 5.

연락할 일			
연락할 사람	오늘 무슨 일이 있어도 반드시 연락해야 하는 사람 리스트	연락을 기다리는 사람	프로젝트를 진행하기 위해 내 연락을 기다리는 사람 리스트
A 씨 B 씨 C 씨		D 씨 E 씨	

가장 중요한 일

오늘 안에 무슨 일이 있어도 반드시 끝내야 하는 중요한 일

- 프로젝트1
- 임팩트 필터 작성
- 팀 멤버와 미팅 날짜 조정

- 프로젝트2
- 강연자에게 초대장 작성, 발송
- 학회 사무국에 세미나 운영에 필요한 간판, 회장 기재 등을 의뢰
- 전단지 작성 건 디자이너 미팅

- 프로젝트3
- 신간 제3장 두 번째 항목 집필

1페이지 프로덕티비티 작성 예시

제2영역과 제3영역은 무엇을 우선으로 하면 좋을지 헷갈린다면 제2영역을 먼저 처리한다. 중요한 일을 먼저 하면 급한 일은 벌어지지 않는다. 그로 인해 시간과 노동을 중요한 일에 집중할 수 있다. 여러 프로젝트를 동시에 진행하면 효율이 떨어지기 때문에 진행하는 프로젝트는 3개 이내로 줄인다.

1페이지 프로덕티비티를 실시하면 생산성이 매주 30퍼센트 향상된다고 한다. 개인적인 체감으로는 30퍼센트 이상이다. 한 장의 종이 위에 우선순위를 적는 단순한 활동으로 하루의 퀄리티가 놀랄 만큼 향상된다. 1페이지 프로덕티비티는 다음 3단계로 간단히 할 수 있는 일이니 반드시 이 기회에 습관으로 만들기 바란다.

- 1단계: 아침, 일을 시작하기 전에 종이와 펜을 준비해 1페이지 프로덕티비티의 프로젝트 칸에 지금 당신이 하고 있는 프로젝트를 3개, 각 프로젝트에서 해야 할 일을 5개 적는다. 5개 모두 채우지 않아도 괜찮다. 우선순위가 높은 일부터 차례대로 적는다. 프로젝트라고 하지만 자격증이나 시험 공부, 다이어트 등도 괜찮다.
- 2단계: 연락해야 하는 일 칸에는 어떤 일을 마무리하기 위해 연락을 해야 하는 사람과 어떤 일을 마무리하기 위해 연락을 기다리는 사람을 적는다.

- 3단계: 가장 중요한 일 칸에는 오늘 반드시 무슨 일이 있어도 끝내야 하는 중요한 일을 적는다.

현실적으로 가능한 일이나 다소 무리해서라도 그날 안에 끝내야 하는 일을 적고 우선순위를 명확히 한다. 종이가 아니라 컴퓨터나 스마트폰에 입력해도 된다. 그렇게 하면 그날 일과 중 우선순위가 높은 행동을 먼저 할 수 있게 되고 하지 않아도 되는 일을 정할 수 있다. 익숙해지면 5분 안에 작성할 수 있다.

프로덕비티비를 활용한 시간 관리

10×를 습관화하기 위해서는 1페이지 프로덕티비티로 우선순위를 명확히 하는 것부터 시작한다. 아침 기상 후 대략 3시간은 뇌의 효율이 가장 좋아 일하기에 골든 타임이다. 전날 기억이 잠자는 사이에 정리되어 아침의 뇌는 깨끗한 상태다.

이 시간대는 사고력이나 집중력을 발휘하기 좋고 새로운 기억을 저장하거나 창조성을 발휘하기에 적합한 상태이므로 1페이지 프로덕티비티에 작성한 우선순위가 높은 일부터 시작한다.

나는 1페이지 프로덕티비티를 습관화하기 전까지는 앞에서 말한 것처럼 일과의 시작이 메일이나 채팅 메시지를 확인하고 답장 보내기였다. 이런 수동적인 행동은 우선순위가 낮은 일부터 시작하게 되고 그날 정말 해야 하는 중요한 일은 하지 못한 채 하루를 마치게 된다.

지금은 매일 아침 1페이지 프로덕티비를 작성한다. 집중하는 날과 준비하는 날뿐만 아니라 자유로운 날에도 작성하는데, 자유로운 날에는 일 이외 것의 우선순위를 정한다.

수면 시간은 절대 줄이지 않는다. 자유로운 날을 설정할 때 수면 시간도 확보한다. 다양한 연구 결과를 바탕으로 보면 인간의 적절한 수면 시간은 6~8시간이라고 한다. 얼마나 질 높은 잠을 자는지가 중요하다. 개개인의 체질과 생활 패턴이 다르기 때문에 낮에 졸리지 않을 정도의 시간을 기준으로 삼는 게 좋다.

10×에 근거한 시간 사용법을 실천하기 전까지는 일하는 시간을 확보하기 위해 수면 시간을 줄였는데 그렇게 하면 낮에 꼭 졸음이 쏟아졌다. 낮 시간에 졸리면 사고력과 집중력이 떨어지고 몸의 상태가 무너져 버린다.

하지만 충분한 수면 시간을 확보하자 일의 능률이 올라가고 이전처럼 몸의 상태가 무너지는 일이 사라졌다. 이로써 목표하는 미래를 향해 활기찬 나날을 보낼 수 있게 되었다.

10×를 습관화하는 건 말하자면 집중하는 날, 준비하는 날, 자유로운 날을 균형 있게 설정하고 적절한 수면 시간을 확보하면

서 1페이지 프로덕티비티를 작성해 충실한 날을 보내는 것이다. 즉 10×에 근거한 시간 사용법이 가능해지면 결과적으로 여유로운 삶을 살 수 있다.

크고 확실한 비전으로
후회 없는 인생을 살자

"내 인생에 더 충실해지고 싶다."

이는 남녀노소 불문하고 많은 사람이 품고 있는 생각이다. 겉으로 보면 행복해 보여도 어떤 문제를 안고 있는 경우도 있다. 내 인생은 매우 충실하다고 단언할 수 있는 사람은 생각보다 많지 않다. 어떻게 하면 인생이 충실해질까?

이 대답은 사람마다 다르다. 보람을 느끼는 일, 가족이나 연인 같은 소중한 사람과의 관계, 건강한 몸, 자유로운 시간 등 고려할 요소가 많은데 사람마다 가치관이 다르기 때문이다. 그렇기

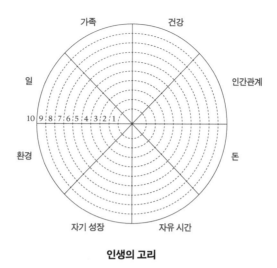

인생의 고리

에 자신의 비전을 명확히 하고, 소중한 요소의 현상을 파악해 스스로 바라는 방향으로 움직이면 인생이 충실하고 풍요로워진다.

10× 엠비션 프로그램에 참가했을 때 인생에서 소중한 10가지 요소에 대한 비전을 명확히 하는 워크숍이 있었다. 10가지 요소란 건강, 인간관계, 돈, 자유 시간, 능력, 평판, 고객, 팀워크, 공헌, 자기 성장이다. 보통 10가지 요소 중 1~2개만 주력하는 경향이 있는데 그렇게 하면 다른 요소에 주력하기 힘들다.

10가지 요소는 서로 영향을 주고받는다. 이를테면 건강과 자기 성장은 밀접하게 관련되어 있다. 건강한 몸은 학습이나 성장에 반드시 필요하다. 반면에 몸이 아프거나 병에 걸리면 학습이나 성장에 대한 의욕이 저하된다. 이처럼 건강은 능력 향상에도 기여한다.

돈은 많은 요소에 영향을 미친다. 충분한 자금이 있으면 자기 성장을 위한 교육이나 설비에 투자할 수 있고, 자유 시간도 여유롭게 보낼 수 있다. 돈은 인간관계에도 영향을 미쳐 경제적인 안정은 가족에게 안정감을 준다.

평판은 특히 비즈니스나 인간관계에서 중요하다. 좋은 평판은 고객을 끌어들여 비즈니스를 성공시킨다. 평판은 팀워크에도 영향을 줘서 협력 관계를 강화한다.

공헌은 다른 사람을 지원함으로써 좋은 인간관계를 구축하고 자기 성장을 촉진하며 비즈니스의 능력을 높인다. 공헌은 고객이나 평판에도 긍정적인 영향을 끼친다.

자기 성장은 모든 요소에 영향을 미친다. 자기 성장을 추구하면 다른 요소도 같이 성장한다. 그러면 여유로운 삶을 사는 데 도움이 된다.

이처럼 10가지 요소는 서로 연동되어 있어 각 요소들의 밸런스를 맞추는 것이 중요하다. 각 요소들의 밸런스가 잘 유지된다면 이는 곧 성공과 행복으로 연결된다. 요소 하나하나에 초점을 맞추면서도 어느 요소 하나에만 집중되지 않도록 전체적인 조화를 유지해야 한다.

인생의 축으로
각 요소의 분석하라

10가지 요소의 비전을 명확히 하고 현상을 파악하고 각 요소의 만족도를 높이는 임무는 '인생의 축'과 같다. 인생의 축이란 자신의 현상을 분석할 수 있는 코칭에서 자주 사용되는 도구 중 하나다.

인생의 축에서는 10개가 아닌 8가지 요소에 대해 10점 만점으로 자가 채점하고 수치를 그림으로 그려 넣어 선으로 연결한다. 8가지 요소란 건강, 인간관계, 돈, 자유 시간, 자기 성장, 환경, 일, 가족이다.

10가지 요소와 대부분의 요소가 중복된다. 10가지 요소든 8가지 요소든 일부 요소에만 주력하지 않고 모든 요소를 균형감 있게 높이는 게 중요하다.

예전의 나는 평판이나 능력이라는 요소에 주력하는 반면 가족과 시간을 충분히 보내지 못해 가족의 만족도가 낮았다. 그리고 자유 시간을 갖지 못해 수면 시간을 줄이고 운동을 하지 않았기 때문에 건강 요소가 낮고 인간관계에도 주력하지 못했다.

10× 사고방식을 도입한 뒤에는 10가지 요소 중 일부에만 주력하지 않고 모든 요소의 비전을 명확히 하고 현상을 파악해 각

요소의 비전을 실현하려고 노력했다. 10×에 근거한 사고방식으로 10배 목표를 달성하는 4가지 단계를 실천하고 10가지 요소의 만족도를 모두 높였다. 그 결과 인생에서 중요한 일이 명확해져 균형을 잡고 인생에 진심으로 만족할 수 있게 되었다.

실제로 이 도구를 사용해 채점해 보면 점수가 높은 부분과 낮은 부분을 파악할 수 있다. 균형이 잘 잡힌 큰 고리가 되려면 무엇을 채워야 하는지 생각하게 되고 점수가 낮은 부분을 높이기 위해 노력하다 보면 인생이 충실해진다.

이상과 현실을
비교하지 말라

10×에는 '갭 앤드 게인(GAP&GAIN)'이라는 사고방식이 있다. 갭은 '차이', 게인은 '개선'이라는 의미로 자신의 이상적인 비전과 현상의 차이를 평가하는 게 아니라 시작 시점의 자신에서 현재 자신의 성장을 평가하는 사고방식이다.

즉 이상적인 비전과 현재와의 차이가 갭이고, 시작했을 때의 자신에서 현재의 자신으로의 성장한 정도가 게인이다. 뇌의 시스템상 갭을 생각하면 사람은 자신감을 잃지만 게인을 생각하면 행복도가 올라가고 자신감도 생긴다.

90일마다 재점검할 때도 이 사고방식을 의식하고 실천한다. 다만 재점검할 때는 이상적인 비전과 현재의 차이를 비교하지 않는다. 이상적인 비전에 있는 자신을 이미지화하면 동기 부여가 높아진다.

하지만 현재의 자신의 비전과 이상적인 비전을 비교하다 보면 이상적인 비전이 마치 지평선 끝에 있어 아무리 다가가도 가까워지지 않는 것처럼 느껴진다.

이상과 현실을 비교하지 않고 90일 전의 자신과 지금의 자신을 비교한다. 그동안 도전과 경험을 통해 생각보다 훨씬 많이 성장한 것을 깨닫고 자신감을 얻을 수 있다.

10×의 10가지 요소나 인생의 고리에 있는 8가지 요소를 균형감 있게 높여간다. 그렇게 하면 삶이 훨씬 풍요로워질 것이다.

10배 크게 시작하면
가장 큰 행복이 찾아온다

솔직히 나는 이 책을 공개하는 게 두렵다. 명색이 경영자라는 사람이 평일 오후 5시에 퇴근하고 휴일에는 절대로 일하지 않는다고 이야기하면 분명 비판의 목소리가 쇄도할 것 같은 우려 때문이다.

나 역시 매일 오후 5시에 퇴근하고 휴일에는 일절 일하지 않겠다는 경영자 밑에서 일을 배웠더라면 '경영자가 저렇게 놀아도 되나' 생각했을 것이다.

경영자는 회사에서 다른 사람보다 일을 더 많이 해야 한다고 생각하는 사람이 많다. 나 역시 오랫동안 그렇게 생각했다. 어렸을 때부터 '더 나은 삶을 살기 위해서는 남들보다 더 노력해야한다', '좋아하지 않고 싫어하는 일도 열심히 해서 극복해야 한다'고 배웠기 때문이다.

그래서 남들보다 더 일하고 좋아하지 않는 일도 나서서 하곤 했다. 하지만 잠자는 시간을 쪼개 가며 일에만 매달려 지내다 보니 우울해지고 불안감에 시달렸다.

정신 건강뿐만 아니라 일에 쫓기다 보니 육아와 가사의 부담이 맞벌이인 아내에게만 치중되어 가족 관계도 냉랭해졌다. 가족을 행복하게 해 주고 싶다는 생각으로 열심히 일했는데 주객전도가 된 셈이다.

이런 삶을 살고 있는 경영자가 태반이다. 그런 경영자 밑에서 장시간 일하는 직원들도 많다. 아직도 야근하는 사람을 대단하다고 여기는 사고방식이 뿌리 깊게 남아 있다. 상사들이 퇴근을 하지 않아 정시에 퇴근하지 못하고 눈치를 보며 야근하는 직장인도 많다. 더 오래 일하면 성과가 오를 거라는 사고방식은 여전히 존재한다.

나는 일에서 성과를 내면서 동시에 가족과 단란한 시간을 보낼 수 있는 라이프스타일을 실현할 방법을 찾았다. 그 결과 가장 효과가 높은 시스템이 이 책에 소개한 10×다.

이 시스템은 내 라이프스타일뿐만 아니라 나와 일하는 팀 멤버의 라이프스타일도 바꿨다. 실제로 내 주위 사람들도 가족과 단란한 시간을 보낼 수 있는 라이프스타일을 실현했다. 동시에 하고 싶은 일을 하면서 큰 성과를 내는 데도 성공했다. 10×에 근거한 일하는 방식은 인생을 바꿨다고 해도 과언이 아니다.

나는 이 경험을 바탕으로 바쁜 경영자나 기업가를 대상으로 10배 성과를 내면서 자유 시간을 늘리는 강좌를 개설했고 인생이 격변한 사람이 속출하고 있다.

"1년 만에 연 매출이 1,000만 엔에서 1억 엔이 되었다."
"일을 다른 사람에게 맡기자 자산이 10배로 늘었다."
"폐업 직전의 농업 사업이 회복하면서 자신감을 얻었다."
"팀 멤버 전원이 같은 방향을 바라보자 일체감이 생겼다."
"매출이 계속 늘어나 새로운 사업도 시작했다."

10×는 기존의 상식을 뒤집는 방법이지만 어떤 직종이나 상황에서도 응용할 수 있는 재현성 높은 방법이다. 장시간 일해도 성과가 나지 않고 개인 시간도 가지지 못해 고민하는 사람들에게 도움이 되었으면 하는 마음으로 쓴 것이 바로 이 책이다.

한 사람이라도 이 책을 읽고 인생을 바꾸는 계기가 되기를 바라는 마음으로 내가 직접 겪고 배운 내용을 정리했고 용기를 내어 여러분에게 공개한다.

마지막으로 10×를 기반으로 일하는 방식을 알려준, 나와 가족의 인생을 바꾼 계기를 만들어 준 댄 설리번에게도 감사의 인사를 전한다.

과거의 나처럼 더 열심히, 더 오래 일해도 성과가 없고 사생활도 없이 바쁜 사람들이 이 시스템을 습관화해서 풍요로운 삶을 살 수 있기를 진심으로 바란다.

나고네 슈

성공하는 사람들의 스케일
10배 크게 시작하라

인쇄일 2024년 9월 11일
발행일 2024년 9월 19일

지은이 나고네 슈
옮긴이 송수진
펴낸이 유경민 노종한
책임편집 권혜지
기획편집 유노북스 이현정 조혜진 권혜지 정현석 **유노책주** 김세민 이지윤 **유노라이프** 권순범 구혜진
기획마케팅 1팀 우현권 이상운 **2팀** 이선영 김승혜 최예은
디자인 남다희 홍진기 허정수
기획관리 차은영
펴낸곳 유노콘텐츠그룹 주식회사
법인등록번호 110111-8138128
주소 서울시 마포구 월드컵로20길 5, 4층
전화 02-323-7763 **팩스** 02-323-7764 **이메일** info@uknowbooks.com

ISBN 979-11-7183-051-0(03190)